Fondamenti di C e C++
Teoria e pratica

ANDREA PACCHIAROTTI

Codice ISBN: 9798682399703

Prima edizione: settembre 2020
Ultima revisione: novembre 2021

Ai miei allievi…

SOMMARIO

Introduzione

I linguaggi di programmazione servono a scrivere programmi ovvero sequenze di istruzioni redatte in linguaggio macchina, le uniche elaborabili dalla CPU, cioè dal processore del computer, e formate da sequenze di 0 e 1 (linguaggio binario). In particolare il linguaggio di programmazione C, progettato da Dennis Ritchie su UNIX nel 1972, discende dal B che, a sua volta, discende dal BCPL. Nel 1989 l'ANSI (Istituto Nazionale Americano per gli Standard) ha standardizzato il linguaggio C, definendo l'ANSI C. Con l'evoluzione C++ (1982), C è stato **orientato agli oggetti (OOP),** molto utile se si ha che fare con grandi progetti dato che permette al programmatore di gestire le singoli componenti del programma come oggetti.

Java, nato nel 1992 grazie a James Gosling e con l'iniziale nome di Oak, è quasi considerabile un'evoluzione del C++ dato che la sua sintassi deve molto al C/C++. Java però è un linguaggio di programmazione multipiattaforma orientato al Web, il cui motto è: *write once, run everywhere.* Infatti in teoria il medesimo programma scritto in Java è eseguibile su Windows, Linux e Mac e anche su smartphone, se esiste una JVM (Java Virtual Machine) per quel sistema.

Abbiamo visto la nascita di tanti altri linguaggi, anche di script (un'esemplificazione dei linguaggi di programmazione) abbastanza semplici come Perl e Python (entrambi sviluppati da C). Microsoft ha un suo ambiente di sviluppo basato sul C++ (Visual C++) e ha anche sviluppato C# (C sharp), un linguaggio a oggetti che prende spunto, tra gli altri, anche da C++ e Java. Esiste poi l'Objective C, anch'esso orientato agli oggetti, che consente lo sviluppo di applicazioni per iOS.

I listati di codice C permettono di gestire bit, byte e indirizzi di memoria, a differenza di altri linguaggi di alto livello. È un linguaggio portabile, ossia un listato scritto in ANSI C può essere compilato su ogni compilatore di ogni sistema operativo. C è un linguaggio usato tanto per semplici programmi, tanto per programmare sistemi operativi: si presta a un'infinità di usi, grazie alle varie librerie. C++ contiene il C. Quindi studiare C non è assolutamente una perdita di tempo in quanto nel C++ si ritrovano gli stessi costrutti, cambiano solo alcuni comandi. Un programma scritto in C verrà dunque compilato anche da un compilatore C++. Per questo motivo il libro presenterà sia esempi scritti in C che in C++ poiché, i primi, saranno facilmente riscrivibili nei secondi, modificando pochi termini.

Il manuale non tratterà la programmazione a oggetti ma si occuperà della programmazione procedurale, anche se sarebbe più corretto dire strutturata come vedremo tra poco, per la quale le differenze tra C e C++ sono poche, eccone alcune:

- Commenti: essi vengono ignorati dal compilatore, ovvero non vengono tradotti in codice eseguibile. Con C i commenti vanno racchiusi tra i simboli /* riga multipla */, nel C++ è stato introdotto anche il simbolo // che indica al compilatore che tutto quello che segue nella riga è un commento. Quindi in C++ sono possibili due tipi di commenti:
  o commento di riga
    // questo commento termina quando si va a capo
  o commento lungo
    /* questo commento inizia qui
    e termina qui */
- Dichiarazione variabili locali
  o in C vanno dichiarate all'inizio del blocco che le contiene
  o in C++ possono essere dichiarate in un punto qualsiasi del blocco che le contiene
- Nuovi nomi di tipi

- Sono stati introdotti lo specificatore const per le costanti e anche gli operatori new e delete per il controllo dell'allocazione dinamica della memoria
- Funzioni
    o più funzioni possono usare il medesimo nome, per distinguerle basta un numero o tipo di parametri diverso (overloading di funzioni)
    o è possibile richiamare le funzioni con un numero di parametri inferiore a quello dichiarato, i parametri non passati vengono sostituiti con valori standard
    o parametro void
        ▪ C: – function() indica al compilatore di non controllare i parametri passati alla funzione, cioè si possono passare un numero arbitrario di parametri
        ▪ C++: – function() equivale a function(void), cioè non deve essere passato alcun parametro
- Allocazione dinamica di memoria
    o C: malloc e free
    o C++: new e delete
- Output
    o C: printf("testo %d", num);
    o C++: cout<<"testo"<<num;
- Input
    o C: scanf("%d",&num);
    o C++: cin >> num;

Peculiarità linguaggio C

- Dimensioni del codice sorgente relativamente ridotte
- Dimensioni dell'eseguibile moderate una volta compilato il codice; un programma in C potrà però essere eseguito solo sullo stesso Sistema Operativo dove è stato compilato
- Efficienza dei programmi dovuta alle dimensioni ridotte e alla possibilità di gestire a fondo la memoria
- Implementazioni dei puntatori per memoria, array, strutture e funzioni
- Ampia compilabilità data l'alta disponibilità di compilatori per diverse piattaforme (architetture e sistemi operativi). Non portabile come Java, ma altamente portabile
- Linguaggio di alto livello per tutti gli usi (*general purpose*) - Un linguaggio è di livello tanto più basso quanto è più vicino al linguaggio macchina, formato da 0 ed 1 e non a quello umano (C, C++, Java e molti altri).

  Pregi linguaggio di basso livello (es. Assembly): il codice è molto veloce (minore richiesta di risorse, minor peso nel programma finale); nei sistemi dove ogni istante è veramente importante (come per esempio nelle catene di montaggio) spesso viene scelto un linguaggio a basso livello proprio per la sua velocità.

  Difetti linguaggio di basso livello: scriverlo è complicato e un codice scritto per un computer potrebbe non funzionare su un altro.

  C è un linguaggio di basso livello tra quelli di alto livello perché ha poche istruzioni, gestisce efficientemente l'accesso alla memoria e ai registri interni del processore e può ospitare codice Assembler.

  Per far scrivere Ciao in C:
  ```
  #include <stdio.h>
  int main() {
  printf ("Ciao\n");
  ```

}

Per far scrivere Ciao in Assembly per Intel:

```
IDEAL
MODEL SMALL
STACK 100h
DATASEG
    HW      DB      "Ciao", 13, 10, '$'
CODESEG
Begin:
    MOV AX, @data
    MOV DS, AX
    MOV DX, OFFSET HW
    MOV AH, 09H
    INT 21H
    MOV AX, 4C00H
    INT 21H
END Begin
```

Tecniche di programmazione
Esistono i metodi di programmazione:

- di tipo **procedurale** *(Procedural Programming)*
- di tipo **strutturata** *(Structured Programming)*
- **orientata agli oggetti** *(Objected Oriented Programming - OOP)*

Programmazione Procedurale
Nei programmi procedurali (es. **Cobol, Fortran, Basic**) le istruzioni, che vengono eseguite sequenzialmente una dopo l'altra, sono organizzate in blocchi *(subroutine* o *function)* studiati per un preciso scopo, accessibili a cascata o attraverso il comando *goto* da più punti del codice. Il codice è eseguito dall'inizio alla fine *(top-down)* ed è semplice da seguire.

Programmazione Strutturata
Concorre alla nascita della programmazione strutturata la critica al *goto*, che rappresentava, negli anni Sessanta, lo strumento principe usato in programmazione, ma deleterio per leggibilità e modificabilità del software (il cosiddetto problema dello *spaghetti code)* e che quindi non dovrebbe essere usato. Mantiene un approccio *top-down* ma l'esecuzione delle istruzioni non è obbligatoriamente in ordine sequenziale bensì influenzata da cicli e condizioni basate sul valore dei dati (es. **C, Pascal, Algol**).

Programmazione a Oggetti
Il modello OOP (es. **Java, C#, C++**) necessita di maggiore codice perché bisogna prima instanziare un oggetto (una sorta di contenitore detto classe), ma ha un'implementazione centralizzata su quell'oggetto e tutti gli oggetti possono comunicare tra loro, ciò consente una potenzialità maggiore. L'OOP rende inoltre il codice facile da manutenere ed estendere, ottima caratteristica nei progetti

di grandi dimensioni. Diversamente dai linguaggi già descritti, gli OOP hanno un approccio di progettazione *bottom-up,* ovvero la prima cosa da fare è la progettazione degli oggetti.

Programma compilato e interpretato

Un programma si sviluppa **scrivendo codice sorgente** in un certo linguaggio.

Linguaggi come FORTRAN, COBOL , C-based (C, C++, C#) .NET, Objective-C, Visual Basic, ecc. sono **linguaggi compilati** e seguono questi passi:

1. si scrive il codice sorgente in un editor o in un ambiente di sviluppo IDE
2. il codice viene controllato per verificare che non ci siano errori
3. il codice viene compilato da un programma detto compilatore, ovvero ogni istruzione viene trasformata nel corrispondente codice in linguaggio macchina che può essere, così, eseguito dal processore

I linguaggi compilati hanno ottime prestazioni.

Nei **linguaggi interpretati**, ad esempio PHP o Perl, il codice sorgente viene invece interpretato al volo da un programma chiamato interprete che traduce istantaneamente il codice sorgente in linguaggio macchina; ad esempio quando il codice PHP viene elaborato, restituisce una pagina HTML pura.

I linguaggi interpretati hanno alta portabilità, ma problemi relativi al carico di lavoro maggiore per il processore (che ogni volta deve elaborare la pagina) e nella ricerca di errori nel codice sorgente.

Java è una via di mezzo, è sia compilato che interpretato: il codice sorgente viene compilato in un formato intermedio (chiamato *bytecode*) che fornisce un file con estensione .class, il quale viene interpretato dalla Java Virtual Machine (JVM), che ha il compito di interpretare *al volo* le istruzioni *bytecode* in istruzioni per il processore ed eseguire il programma. È uno dei punti di forza del Java, che lo ha reso portabile verso ogni piattaforma. Questa metodologia implica inoltre la possibilità di controllare eventuali errori del codice sorgente (grazie alla compilazione), di creare programmi relativamente leggeri (il *bytecode* è un formato che crea file di dimensioni ragionevoli), ma ha prestazioni non proprio ottime.

Java	C++
Esempio.java	Esempio.cpp
Compilazione	**Compilazione**
Esempio.class	Esempio.exe
Interpretazione	**Esecuzione**
Java Virtual Machine	Macchina reale
Esecuzione	
Macchina reale	

C++ vs JAVA: differenze chiave:

- C++ utilizza solo il compilatore, Java utilizza sia il compilatore che l'interprete
- C++ supporta il sovraccarico dell'operatore e il sovraccarico del metodo (i cosiddetti overloading), Java supporta solo il sovraccarico del metodo
- C++ supporta la gestione manuale degli oggetti con l'aiuto di parole chiave nuove ed eliminate mentre Java ha la raccolta automatica dei rifiuti incorporata (cosiddetta garbage collection)
- C++ supporta le strutture, Java no
- C++ supporta le unioni, Java no

Ambiente di programmazione e primo programma

Anche se per programmare in C/C++ è possibile usare qualsiasi editor di testi, anche il Blocco Note dei Sistemi Operativi Windows o il tool a pagamento Visual C++ o altri programmi ancora, in questo manuale si utilizzerà il software gratuito Dev-C++ che è possibile scaricare in italiano da https://bloodshed-dev-c.download.it.

Per scrivere il primo programma in C++ si proceda nel modo seguente ricordando che C++, come C, è *case-sensitive* cioè distingue tra maiuscole e minuscole quindi, ad esempio, MAIN() o Main() non è main():

1. Avviare l'ambiente di sviluppo
2. Eseguire le operazioni di editing, cioè di scrittura del programma da File / Nuovo / File Sorgente e scrivere quanto segue (che poi verrà spiegato accuratamente):

```
#include <iostream>
using namespace std;
int main (){
cout<<"Hello world!\n";
system("pause");
return 0;
}
```

3. Per compilare il programma cliccare Esegui / Compila e dare hello.cpp come nome del file (se il codice è stato scritto correttamente saranno segnalati 0 errori e avvertimenti, quest'ultimi sono detti *warning* e non sono errori)
4. Per eseguire il programma cliccare Esegui / Esegui oppure cliccare il file hello.exe che è stato generato dalla compilazione nella stessa posizione del file hello.cpp

Spiegazione del programma

- **#include <iostream>** Direttiva al preprocessore, un comando, che permette di richiamare le librerie standard, in questo caso iostream, che fornisce le operazioni di input e output. Senza librerie un programma non avrebbe a disposizione i comandi per eseguire operazioni

- **using namespace std;** direttiva propria del C++, include nomi di funzione e identificatori delle librerie standard; dichiara l'uso dello spazio dei nomi della libreria standard ed evita di far precedere il nome std ad alcuni elementi del programma. Il **punto e virgola** chiude un'istruzione, per far capire che dopo quel simbolo inizia una nuova istruzione

- **int main ()**{ La funzione principale unica e onnipresente in un qualsiasi programma è **main** con o senza parametri tra le parentesi tonde; è da **main** che il programma inizierà l'esecuzione. Le istruzioni (*statement*) della funzione sono racchiuse tra **parentesi graffe { }** e sono eseguite sequenzialmente ossia in ordine, dalla prima all'ultima. **int** è il tipo di dati restituito dalla funzione, in mancanza di indicazione si sottintende int ovvero intero, esistono molti altri tipi

- **cout<<"Hello world!\n";** quest'istruzione stampa verso un output (ad esempio su video) la frase tra virgolette. C++ definisce alcuni stream predefiniti, tra i quali **cin** e **cout** per la lettura da tastiera (input) e la scrittura su monitor (output). Gli operatori principali per manipolare gli stream è quello di inserimento **<<** (operatore di output) per inserire caratteri in uno stream, e quello estrazione **>>** (operatore di input) per estrarre caratteri da uno stream. Per usare **cout** necessita **#include <iostream>**

- **system("pause");** La funzione **system** blocca il programma fin quando non si preme un tasto. Questa funzione può mandare in esecuzione qualsiasi comando del sistema operativo o programma. Per esempio **system("CLS")** pulisce la finestra di output (CLear Screen), mentre **system(Color xy)** colora (x è il colore di sfondo e y il colore del testo). I colori disponibili sono: 0 = nero, 1 = blu scuro, 2 = verde, 3 = verde acqua,

4 = bordeaux, 5 = viola, 6 = verde oliva, 7 = grigio chiaro, 8 = grigio, 9 = blu

A = verde limone, B = azzurro, C = rosso, D = fucsia, E = giallo, F = bianco

Ad esempio:

```
#include<windows.h>
#include<conio.h>
using namespace std;
int main ()
{
system("COLOR 2c");
return 0;
}
```

- **return 0;** return <valore> fa terminare la funzione restituendo il valore indicato, qui non c'è nessun valore da restituire, metto 0; in ogni caso se non viene inserito, il compilatore mette automaticamente **return 0**
- **}** Chiude la funzione principale **main()**. Se una funzione non restituisce nessun valore si può indicare, come tipo, **void**:

  void main(){}

Sequenze di escape

La sequenza formata dalla barra rovesciata seguita da uno o più caratteri è detta **sequenza di escape** e corrisponde a un carattere.

Sequenza	Risultato
\n	(*new line*) porta il cursore all'inizio della riga successiva
\t	(*tab*) porta il cursore al prossimo fermo di tabulazione (ogni tabulazione è di 8 caratteri)
\a	(*alert*) emette un beep
\f	(*form feed*) nuova pagina
\r	(*carriage return*) ritorno a capo
\'	stampa un apice

\"	stampa le virgolette
\\	barra rovesciata
\?	Punto di domanda
\b	*(Backspace)* Indietro di un carattere
\<*cifreOttali*>	Il carattere corrispondente nel codice ASCII al numero ottale
\x<*cifreEsadec*>	Il carattere corrispondente nel codice ASCII al numero esadecimale

La sequenza di escape consente di inserire il carattere corrispondente a un qualsiasi codice ASCII in due modi:

1. usando la barra rovesciata \ seguita dal codice ASCII in ottale (es. \11 denota un byte con il valore numerico 9)
2. usando la barra rovesciata \ seguita dal codice ASCII in esadecimale (es. \x41 corrisponde al carattere 'A').

È possibile attaccare più sequenze di escape una dopo l'altra.

Esercizi
Dopo l'esempio iniziale in C++ vediamo ora dei semplici esercizi in C e C++ con relativi commenti.

C Scrivi Ciao sul monitor ed emetti un beep
```
#include <stdio.h>  //Direttiva al preprocessore
per usare printf
int main() { /*int dice al Sistema Operativo che
main(), cioè il programma, gli restituirà un
intero*/
printf ("Ciao\a"); //Stampa (mostra) un messaggio
sul monitor
return 0;
}
```

C Scrivi sul monitor *Ciao!* e vai a capo, poi scrivi *Questo è un mio programma* e vai due volte a capo, infine scrivi *Premi un carattere da tastiera per uscire*

```
#include <stdio.h>
#include<conio.h> //per usare getch()
int main()
{
printf ("Ciao!\nQuesto è un mio programma\n\n");
printf("Premi un carattere da tastiera per
uscire.\n");
getch(); //Mette in pausa la console di output
finché non viene premuto un tasto
return 0;
}
```

C++ Stampa a video partendo dalla seconda riga con **cout<<** o **cout <<** (console output). Esiste un'altra funzione di I/O chiamata **cin>>** (console input) per l'input dei dati.

> abc
> def
> ghi
> lmn
> opqrs
> tuvz
> Premere un tasto per continuare...

```
#include <iostream> //Per usare cout
#include <stdlib.h> //Per usare system
using namespace std;
main(){
        cout << "\nabc\n";
        cout << "def\n";
        cout << "ghi\n";
        cout << "lmn\n";
        cout << "opqrs\n";
        cout << "tuvz\n";
```

```
    system("pause");
}
```

Costanti e Variabili

Variabili e costanti sono gli elementi di base di un programma.

Le costanti contengono dati non più modificabili.

Le variabili contengono dati modificabili nel corso del programma: la loro comodità sta nel poter usare un nome per valori alfanumerici anche complessi

Variabili

Le variabili vengono definite da un **tipo** e da un **nome (identificatore).**

Il nome può essere alfanumerico, ma deve iniziare con una lettera o l'underscore _. La lunghezza massima dipende dal compilatore, ma solitamente non si possono superare i 31 caratteri. Inoltre C, come C++, è *case-sensitive*, quindi distingue tra maiuscole e minuscole, quindi:

- Sì: pippo, pippo01, pi01ppo, ciao_pippo
- No: 01pippo, pi&ppo, ciao pippo

Non si possono usare neanche le parole riservate, cioè le parole chiave di C/C++, eccone alcune tra le più comuni:

auto break case char const continue default define do double else enum extern float for goto if int long noalias register return short signed sizeof static struct switch typedef union unsigned void volatile while

Il **tipo** indica quale tipo di valori può contenere la variabile. Si anticipa che le operazioni di **casting** consentono di convertire una variabile da un tipo a un altro (ad esempio da lettera a numero). **Tutte le variabili**, prima di essere utilizzate, **devono essere dichiarate una sola volta** (solitamente all'inizio del programma, ma la dichiarazione può trovarsi anche in altre posizioni o file), cioè devono essere rese note al compilatore **tipo** e **nome** della variabile per consentirgli di allocare la memoria necessaria alla variabile stessa. Dopo la tipizzazione e dichiarazione **la variabile**

va inizializzata, cioè le deve essere assegnato un valore.
Ricapitolando: tipizzazione, dichiarazione, inizializzazione. Ecco
un esempio:
int v; // dichiarazione
v = 100; // inizializzazione
oppure
int v = 100; // dichiarazione e inizializzazione

Se le variabili hanno medesimo tipo possono scriversi
sequenzialmente separandole con una virgola:
int v, x, y;

È possibile incrementare/decrementare una variabile con gli
operatori di incremento (++) e decremento (--):
int a = a+1 equivale ad **a++**
int a = a-1 equivale ad **a--**
se sono preposti alla variabile il valore è calcolato prima che
l'espressione sia valutata, se sono posposti viene calcolato dopo.
Incremento e decremento sono sempre unitari.
Esiste anche una forma contratta ma meno chiara:

int y = 3;
y += 1; // i ora vale 4
int x = 3;
x *= y + 3; // x ora vale 27 perché x=x*(y+3)

C Stampa a video una variabile int
```
#include <stdio.h>
#include<conio.h> //per usare getch()
int main()
{
int x = 3; //variabile locale già inizializzata
```

```
printf ("x vale %d\n\n",x); //La stringa di
formato %d dice al compilatore di stampare a video
la variabile intera
printf("Premi un carattere da tastiera per
uscire.\n");
getch();
return 0;
}
```

L'output sarà: x vale 3

Codici di conversione per printf
Conversione Per...

%d %i   numeri interi, visualizza il numero con uno spazio davanti se positivo e con il segno - davanti se negativo

%o   numeri interi visualizzati in ottale

%x %X   numeri interi in esadecimale

%u   numeri interi senza mettere il segno

%f   numero con la virgola nel formato virgola fisso (es. 341.46)

%e %E   numero con la virgola nel formato virgola mobile, detto anche formato esponenziale (es 3.4146e+2)

%g %G   numeri con la virgola in formato virgola fissa se il numero di cifre di precisione lo consente, altrimenti li scrive in virgola mobile

%c   un carattere

%s   una stringa

%p   un puntatore in esadecimale

%%   il carattere %

C Stampa a video una variabile float che vale 3.14
```
#include <stdio.h>
#include<conio.h> //per usare getch()
int main()
{
```

```
float x = 3.14; //variabile locale già
inizializzata. Si usa il punto, non la virgola
printf ("x vale %.2f\n\n",x); //La stringa di
formato %f dice al compilatore di stampare a video
la variabile con virgola
//per impostare la precisione scrivo: %.2f (se
voglio 2 decimali)
printf("Premi un carattere da tastiera per
uscire.\n");
getch();
return 0;
}
```

L'output sarà: x vale 3.14

C Ho 3 variabili **a** che vale 3, **b** vale 4 e **c** che è la somma di **a** e **b**, stampo a video **c**; poi incremento **a** di 3, **b** di 1, calcolo **c** come differenza tra **a** e **b**, stampo a video **c**

```
#include <stdio.h>
#include<conio.h> //per usare getch()
int main() {
int a,b,c; // Dichiaro 3 variabili locali di tipo
int non inizializzate
a = 3; //le inizializzo
b = 4;
c = a+b; // c vale 7
printf ("c vale %d\n",c);
a += 3; // Incremento a di 3: ora vale 6 a=a+3
b++; // Incremento b di 1: ora vale 5   b+=1
b=b+1
c = a-b; // Ora c vale 1
printf ("Ora c vale %d\n",c);
printf("Premi un carattere da tastiera per
uscire.\n");
getch();
return 0;
}
```

24

L'output sarà: c vale 7
Ora c vale 1

Posso eseguire operazioni anche sulle variabili char che sono considerate codici ASCII, ovvero ogni variabile ha il suo codice numerico (da 0 a 255) che viene convertito in un carattere.

C Stampa a video una variabile char

```
#include <stdio.h>
#include<conio.h>
int main() {
char c = 65; // Equivale a scrivere char c = 'A',
perché 65 è il codice per la lettera A
c += 4; // Ora a vale E
printf ("a = %c\n",c); //La stringa di formato %c
dice al compilatore di stampare a video la
variabile con virgola
printf("Premi un carattere da tastiera per
uscire.\n");
getch();
return 0;
}
```

L'output sarà: a = E

Input da tastiera
Finora i programmi visti in C eseguono delle istruzioni ed escono. Ora li faccio interagire con l'utente che li usa.
printf() fa l'output sul monitor
scanf() legge i valori che l'utente dà dalla tastiera: scanf ("tipodaleggere",&variabile);

C Chiedi all'utente *Quanti anni hai?* E fai immettere un valore intero
#include <stdio.h>
#include<conio.h>

```
int main() {
int a;
printf ("Quanti anni hai? ");
scanf ("%d",&a); //Dice di leggere il valore immesso da tastiera
e di memorizzarlo nella variabile intera a
printf("Premi un carattere da tastiera per uscire.\n");
getch();
return 0;
}
```

C Somma fra loro due numeri (reali interi)

```
#include<stdio.h>
#include<conio.h>
int main(){
    int x,y;
    printf("Inserisci il primo numero intero, dai invio, inserisci il
secondo\ninfine dai invio per il risultato:\n");
    scanf("%d%d", &x,&y); //Forma contratta per scanf(" %d",
&x); scanf(" %d", &y);
    printf("La somma e' pari a: %d",x+y);
printf("\n\nPremi un carattere da tastiera per uscire.\n");
getch();
return 0;
}
```

C Dati n km percorsi con x litri lt di benzina calcola quanti
chilometri k percorre una macchina con 1 litro di benzina. Senza
funzione

```
#include<stdio.h>
#include<conio.h>
int main(){
    float km,lt,k;
```

```
printf("Quanti km fa un'auto con un litro benzina?\n\nQuanti
km hai percorso? ");
scanf("%f",&km);
printf("Quanti litri di benzina hai consumato?: ");
scanf("%f",&lt);
k = km/lt;
printf("\nL'auto percorre %f km con un litro\n\n",k);
printf("Premi un carattere da tastiera per uscire.\n");
getch();
return 0;
}
```

C++ Calcola l'area di un rettangolo con cout e cin

```
#include <iostream>
#include <stdlib.h>
    using namespace std;
int main()
{
 int base, altezza; int area;
 cout << "Calcolo Area rettangolo \n \n";
 cout << "Valore base: ";  cin >> base;
 cout << "\nValore altezza: ";  cin >> altezza;
 area = base*altezza;
 cout << "\nBase: " << base << " Altezza: " <<
altezza;
 cout << "\nArea: " << area << "\n\n";
 system("pause");
 return 0;
}
```

Area di validità delle variabili

Le **variabili locali** sono dichiarate in un blocco e possono essere usate solo all'interno di quel blocco. Le **variabili globali** valgono invece in tutti i blocchi; per creare una variabile globale bisogna

27

dichiararla fuori da qualsiasi blocco, dopo le direttive al
preprocessore, ad esempio:

```
#include <iostream>
// variabili globali
int tot=0;
int main() {
float costo; int c;
}
```

la variabile *tot* è una **variabile globale** mentre le variabili *costo* e *c*
sono **variabili locali** della funzione *main*.

Durata delle variabili

Le variabili globali vengono cancellate alla fine del programma
mentre le variabili locali quando finisce il blocco in cui sono state
dichiarate. Per evitare la cancellazione delle variabili locali alla fine
del blocco si usa il modificatore **static**, ad esempio:

```
#include <iostream>
#include <stdlib.h>
using namespace std;
int main()
{  int i;
   for (i=1; i<10; i++)  //Ciclo for: ripete 9
volte il blocco sottostante
       { static int contatore=1;
         cout << contatore  << ";" ;
         contatore++;
       }
   cout << endl;   //End of line, equivale a \n
   system("pause");
   return 0;
}
```

L'output sarà: 1;2;3;4;5;6;7;8;9;

Togliendo **static** l'output sarà: 1;1;1;1;1;1;1;1;1; perché alla fine del blocco la variabile verrà cancellata e quindi, quando il blocco viene ripetuto, la variabile *contatore* viene ricreata con il valore 1.

Anche le variabili globali possono essere definite *static,* che non modifica la durata della variabile, poiché le variabili globali vengono cancellate alla fine del programma, ma varia l'area di validità e può essere utile se il programma è formato da più moduli (più file sorgenti), dato che la variabile sarà visibile solo nel modulo dov'è stata definita (di norma le variabili globali sono visibili in tutti i moduli).

Costanti

Si dichiarano con la direttiva al preprocessore **define**.

C++ Definisci una costante senza tipo D uguale a 1000

```
#include <iostream>
#define D 1000
using namespace std;
int main()
{
cout << D + D << endl; // 2000
cout << D * 3 << endl; // 3000
}
```


oppure attraverso il modificatore di tipo **const** che ha il vantaggio del controllo dei tipi.

const tipo identificatore = espressione;

const int n = 100;

const float pigreco=3,1415;

const char c='a';

C++ Calcola l'area del cerchio tramite define PiGreco 3.14

```
#include <iostream>
#include <stdlib.h>
```

```
#define   PiGreco 3.14
using namespace std;
int main()
{
 float raggio, area;
 cout << "Calcolo Area Cerchio \n \n";
 cout << "Raggio: ";  cin >> raggio;
 area = PiGreco*raggio*raggio;
 cout << "\nArea: " << area << "\n\n";
 system("pause");
 return 0;
}
```

C++ Calcola l'area e la circonferenza del cerchio tramite const double PIGRECO=3.14

```
#include <iostream>
using namespace std;

int main() {
    const double PIGRECO=3.14;
    float r, area, circonferenza;
    cout<<"Inserisci il raggio del cerchio:
\t"<<endl;
    cin>>r;
    area=r*r*PIGRECO;
    circonferenza=2*PIGRECO*r;
    cout<<"L'area e': \t"<<area<<endl;
    cout<<"La circonferenza e':
\t"<<circonferenza<<endl;
    return 0;
}
```

Tipi di dati

- Elementari
  - Void
  - Bool
  - Char
  - Int
  - Float
  - Double
  - Enum
- Strutturati
  - Array
  - Strutture
  - Union
  - Puntatori

Utilizzare il tipo più adeguato, oltre a consentire il funzionamento del programma, permette di risparmiare memoria.

Nota: i numeri signed sono con segno, gli unsigned senza segno.

Tipi di dati elementari

- Elementari
  - Void
  - Bool
  - Char
  - Int
  - Float
  - Double
  - Enum
- Strutturati
  - Array
  - Strutture
  - Union
  - Puntatori

Tipi	Dimensioni in BIT	Valori
unsigned char	8	0 fino 255
char	8	-128 fino 127
unsigned int	16	0 fino 65.535
short int	16	Interi piccoli -32.768 fino 32.767
int	16	-32.768 fino 32.767
unsigned long	32	0 fino 4.294.967.295
long	32	-2.147.483.648 fino 2.147.483.647

float	32	Virgola mobile, precisione 6 3,4 * (10**-38) fino 3,4 * (10**+38)
double	64	Virgola mobile, precisione 15 1,7 * (10**-308) fino 1,7 * (10**+308)
long double	80	Virgola mobile, precisione 18 3,4 * (10**-4932) fino 1,1 * (10**+4932)

Il tipo **char** contiene un carattere standard ASCII e quindi un numero intero da 0 a 255 ovvero una qualsiasi lettera (maiuscola o minuscola), cifra (da 0 a 9) e simbolo. Per memorizzarne di più si usa un **array di char** (alcuni linguaggi adottando invece il tipo **string**).

char a = 'b'; //dichiarazione e inizializzazione variabile di tipo char.

Segue la tabella ASCII https://it.wikipedia.org/wiki/ASCII

Dec	Glifo	Dec	Glifo	Dec	Glifo
32	Spazio	64	@	96	`
33	!	65	A	97	a
34	"	66	B	98	b
35	#	67	C	99	c
36	$	68	D	100	d
37	%	69	E	101	e
38	&	70	F	102	f
39	'	71	G	103	g
40	(	72	H	104	h
41	)	73	I	105	i
42	*	74	J	106	j
43	+	75	K	107	k
44	,	76	L	108	l
45	-	77	M	109	m
46	.	78	N	110	n
47	/	79	O	111	o
48	0	80	P	112	p
49	1	81	Q	113	q
50	2	82	R	114	r
51	3	83	S	115	s
52	4	84	T	116	t
53	5	85	U	117	u
54	6	86	V	118	v

55	7	87	W	119	w
56	8	88	X	120	x
57	9	89	Y	121	y
58	:	90	Z	122	z
59	;	91	[	123	{
60	<	92	\	124		
61	=	93	]	125	}
62	>	94	^	126	~
63	?	95	_		

Il tipo **int** contiene numeri. Possiede le varianti short e long, ma int è già un tipo short, mentre long estende l'intervallo di valori che int può contenere. Int contiene numeri interi (detti naturali).
int n = 5;
int x = 3;
int r;
r = n / x; // r vale 1, cioè la parte intera di 5/3

I tipi **float** e **double** contengono numeri in virgola mobile (detti reali), cioè con parti frazionarie. Si usa un punto per separare la parte intera dalla frazionaria
double n = 5.0;
double x = 2.0;
double r;
r = n / x ; // r vale 2.5

Il tipo **bool** occupa un solo byte e può contenere solo i valori booleani **true** e **false**.

In C il tipo **bool** non esiste, in sua vece si può utilizzare il tipo int dove 0 corrisponde a **falso** e 1 o un numero diverso da zero a **vero**.

Il tipo **enum** non è un vero tipo di dati ma di un insieme di possibili tipi definibili dallo sviluppatore. Ad esempio:

```
enum colori {bianco, viola, rosso, nero, blu};
```

crea un nuovo tipo di dati *colori* che può assumere 5 valori a cui assegna i nomi *bianco, viola, rosso, nero, blu.*

Definendo delle variabili, ad esempio:

```
colori a,b;
```

a e *b* diventano variabili di tipo *colori* a cui si potranno assegnare solo valori di tipo *colori.*

```
a = rosso; b = nero;
```

In realtà il compilatore associa ogni identificatore un numero intero e considera questi identificatori come costanti dichiarate dal programmatore.

I termini bianco, viola, rosso, nero, blu diventano dunque costanti come se definite con:

```
const int bianco=0, viola=1, rosso=2, nero=3,
blu=4;
```

Poi viene assegnato il numero 2 alla variabile *a* e il 3 a *b*.

Se si visualizza in output una variabile *colori* verrà mostrato il numero e non il nome del colore.

Le operazioni ammesse con le variabili dichiarate con **enum** sono quelle ammesse col tipo intero: ++, --, +, -, *, /, %.

Il programmatore può comunque decidere quali numeri assegnare, ad esempio:

```
enum mesi {gennaio=1, febbraio, luglio=7, agosto};
mesi mese1, mese2;
```

originerà gennaio=1, febbraio=2, luglio=7, agosto=8

C Mostra l'output del seguente frammento di codice

```
#include <stdio.h>
```

```
typedef
enum{bianco,giallo,rosso,rosa,nero,marrone}
colore;
//La parola chiave typedef permette di definire
nuovi tipi di dato
int main(){
    int autocodice[3];
    colore autocolore[3];
    int i;
    autocodice[0] = 1000;
    autocolore[0] = giallo;
    autocodice[1] = 4000;
    autocolore[1] = rosa;
    autocodice[2] = 8000;
    autocolore[2] = nero;
    for (i = 0; i < 3; i++ )
        printf("L'auto con codice %d ha colore
%d\n",
            autocodice[i], autocolore[i]);
    return 0;
}
//L'output è:
//L'auto con codice 1000 ha colore 2
//L'auto con codice 4000 ha colore 5
//L'auto con codice 8000 ha colore 8
// Questo perché i valori specificati nelle ENUM
in realtà sono gli interi corrispondenti
```

Sizeof

L'operatore Sizeof è utile per ottenere il numero di byte occupati da una variabile o da un tipo di dati. La sintassi è:

```
sizeof(<TipoDato>) oppure
sizeof(<NomeVariabile>)
```

C++ Mostra la quantità di memoria occupata da alcune variabili:

```
#include <iostream>
#include <stdlib.h>
using namespace std;
int main()
```

```
{
  int i; short int si; long int li;
  char c; wchar_t  wc; float f;  bool b;
  double d;  long double ld;
  cout << "bytes occupati da char: " <<
sizeof(c)<< "\n";
  cout << "bytes occupati da float: " <<
sizeof(f)<< "\n";
  cout << "bytes occupati da double: " <<
sizeof(d)<< "\t long double: " << sizeof(ld)
<<"\n";
  cout << "bytes occupati da bool: " <<
sizeof(b)<< "\n";
  cout << "bytes occupati da int: " << sizeof(i)<<
"\t long int: " << sizeof(li) << "\t short int: "
<< sizeof(si)<<"\n";
  system("pause");
  return 0;
}
```

che restituirà:

```
bytes occupati da char: 1
bytes occupati da float: 4
bytes occupati da double: 8        long double: 16
bytes occupati da bool: 1
bytes occupati da int: 4           long int: 4     short int: 2
Premere un tasto per continuare . . .
```

Casting

Per convertire un tipo in un altro si usa l'operatore di **cast ( )**; nelle parentesi va messo il nuovo tipo al quale passare:

```
// Casting da float ad int
int n;
float r;
r = 52.27;
n = (int)r; // vale 52
// Casting da int a float
int n;
```

```
float r;
n = 20;
r = (float)n;
// Casting da char ad int
int n;
int w;
w = 'A';
n = (int)w; // vale 65, il valore ASCII di A
// Casting con operazioni
int a;
int b;
float d;
d = (float)a / (float)b;
```

C++ L'output è 0.5?

```
int main()
{
    int uno=1, due=2;
    float tre;

    tre = uno/due;
    cout << tre <<endl;
    system("pause");
    return 0;
}
```

No, dato che la variabile *tre* è di tipo float, verrà 0 perché in C++, *uno/due,* dà un *int* essendo *uno* e *due* di tipo *int.* Il risultato sarà 0. Quando gli operandi sono di tipo diverso, C++ sceglie il tipo più capiente per evitare perdita di informazioni, e, prima di fare il calcolo, converte l'altro operando nel tipo scelto. È un **cast implicito**.

Sequenza dal meno capiente al più capiente:

Char > short int > int > long int > float > double > long double

Quindi se abbiamo:

```
int uno=1, float due=2.0, tre;
```

```
tre = uno/due;
```
tre varrà 0.5 perché il computer quando esegue l'operazione *uno*/*due* convertirà *uno* in *float*.

È possibile, attraverso il **cast esplicito** imporre il tipo di dati in base al quale va svolta l'operazione, la sintassi è:

```
(<tipo dati>)<espressione>
```

Dunque per far funzionare bene il programma precedente, senza modificare il tipo delle variabili, si può modificare l'istruzione per la divisione:

```
int main()
{
    int uno=1, due=2;
    float tre;
    tre = (float) uno/due;
    cout << tre <<endl;
    system("pause");
    return 0;
}
```

premettendo (float) all'espressione, si forza l'esecuzione dei calcoli con *float*.

Operatori comuni

- **Aritmetici**: di assegnamento =; somma +; sottrazione -; moltiplicazione *; divisione intera / ad esempio 10 / 3 = 3 (3 è il n di volte divisibili senza resto); modulo o divisione con resto % ad esempio 11 / 6 = 5 (5 è il resto della divisione); ++ incremento; -- decremento
- **Di confronto**: utili nelle istruzioni condizionali e iterative, perché se la condizione è verificata restituiscono vero, altrimenti falso

= =	uguale a	a = = b
!=	diverso da	a != b
<	minore	a < b
>	maggiore	a > b
<=	minore o uguale	a <= b
>=	maggiore o uguale	a >= b

- **Logici**: utili nelle istruzioni condizionali e iterative

&&	AND logico	a && b
| |	OR logico	a | | b
!	NOT	

Queste operazioni restituiscono 1 se vere, 0 se false.
Ad esempio "a | | b" vale 1 se "a" o "b" valgono 1, mentre vale 0 se "a" e "b" valgono 0.

- **Di bitwise**: operano sui singoli bit.

&	AND
|	OR
^	XOR
~	Complemento a 1 (0=>1, 1=>0)

<<	shift a sinistra
>>	shift a destra

La tilde ~ è un operatore unario, cioè opera su un solo argomento indicato a destra dell'operatore.

Uno shift a sinistra equivale a moltiplicare per 2; uno shift a destra a dividere per 2 e sono molto più veloci di (*) e (/).

Controlli condizionali

Per controllare il flusso di un programma è possibile usare
- **if else** se ho un numero piuttosto basso di condizioni (orientativamente 3), altrimenti
- **switch case** un modo più naturale e veloce per gestire un numero piuttosto alto di condizioni (posso usarlo solo con int e char, ma non con stringhe, vettori, strutture, matrici)
esiste anche
- **operatore ternario** una forma breve dell'istruzione if-else

If-Else
definisce il codice da eseguire se una data condizione si verifica e quello da eseguire se non si verifica. Vediamo sintassi ed esercizi in C e C++.
Sintassi per 2 condizioni:
```
if (condizione) {
codice
}
else {
codice
}
```
Esempio: se un n è >0 scrivi "è positivo", altrimenti scrivi "è negativo"
```
int n; // Dichiaro n
if (n>0) {
printf ("n è positivo\n"); //Se n è maggiore di
zero, allora è positivo
} else {
printf ("n è negativo\n"); //Altrimenti, è
negativo
}
```

C Stampa il numero intero maggiore fra 2
```
#include <stdio.h>
```

```
#include<conio.h>
int main()
{
int primo, secondo; //Dichiaro i 2 numeri
scanf("%d%d", &primo,&secondo);
if (primo>secondo) {
printf ("\nNumero maggiore: ");
printf ("%d",primo);
} else {
printf ("\nNumero maggiore: ");
printf ("%d",secondo);
}
printf("\nPremi un carattere da tastiera per
uscire.\n");
getch();
return 0;
}
```

C Da gradi Celsius a Fahrenheit e viceversa con if else

```
#include<stdio.h>
#include<stdlib.h>
int main () {
float c, f;
int scelta;
printf("Scegli 1 per convertire Celsius in
Fahrenheit\n");
printf("Scegli 2 per convertire Fahrenheit in
Celsius\nScelta: ");
scanf("%d",&scelta);
if(scelta==1){
printf("\nInserisci la temperatura Celsius da
convertire in Fahrenheit: ");
scanf("%f", &c);
f = 32 + c * 9/5;
printf("La temperatura in Fahrenheit e' %f\n\n",
f);
}
```

```
else
    {
    printf("Inserisci la temperatura Fahrenheit da
convertire in Celsius: ");
        scanf("%f",&f);
        c=(f-32)*5/9;
        printf("La temperatura in Celsius e' %f\n",
c);
    }
system ("pause");
return 0;
}
```

Sintassi per più condizioni:
```
if (condizione)
codice
else if
codice
...
else if
codice
else
codice
```

C Ricevo in input l'età e visualizzo l'importo del biglietto da pagare in base al seguente schema: Inferiore a 5 anni Gratuito; Fino a 10 anni Euro 1; Da 11 a 17 anni euro 1,50; Da 18 a 26 anni Euro 2; Oltre 26 anni Euro 3

```
#include<stdio.h>
#include<conio.h>
int main(){
    int eta;
    printf("Calcola il prezzo per la mostra in
base all'eta':\n\nQuanti anni hai?\n\n");
    scanf("%d",&eta);
    if (eta<5)    //controlli
```

```
        printf("\nIngresso gratuito\n");
    else if (eta<=10)
        printf("\nL'ingresso costa 1 Euro \n");
    else if (eta<=17)
        printf("\nL'ingresso costa 1,50 Euro \n");
    else if (eta<=26)
        printf("\nL'ingresso costa 2 Euro \n");
    else
        printf("L'ingresso costa 3 Euro \n");
printf("\nPremi un carattere da tastiera per
uscire.\n");
getch();
return 0;
}
```

C++ La variabile intera esito può assumere un valore tra 0 e 30

```
#include <iostream>
#include <stdlib.h>
using namespace std;
int main()
{
int esito;
cout<<"Immetti voto: ";
cin>>esito;
if (esito >=18)
cout << "Esame superato" << endl;
else if (esito >=15)
cout << "Devi sostenere anche l'orale" << endl;
else
cout << "Esame non superato" << endl;
  system("pause");
  return 0;
}
```

```
#include <iostream>
#include <stdlib.h>
```

```
using namespace std;
int main()
{
int esito;
cout<<"Immetti voto: ";
cin>>esito;
if (esito >=18)
cout << "Esame superato" << endl;
else if (esito >=15)
cout << "Devi sostenere anche l'orale" << endl;
else
cout << "Esame non superato" << endl;
   system("pause");
   return 0;
}


#include <iostream>
#include <stdlib.h>
using namespace std;
int main()
{
int esito;
cout<<"Immetti voto: ";
cin>>esito;
if (esito < 18)
{
if (esito < 15)
{
cout << "Esame non superato" << endl;
}
else
{
cout << "Devi sostenere anche l'orale" << endl;
}
}
   system("pause");
   return 0;
```

```
}
```

C++ Risolvi un'equazione di primo grado in una variabile. È tale un'equazione riconducibile alla forma: ax + b = 0 dove a e b sono due numeri. Per risolverla bisogna trovare tutti i numeri che sostituiti alla x verificano l'uguaglianza.

Se a<> 0 esiste una sola soluzione : x = -b/a

Se a= 0 e b<>0 l'equazione non ammette soluzioni (equazione impossibile)

Se a=0 e b=0 le soluzioni sono infinite (equazione indeterminata)

Ci si limiti alle equazioni con numeri reali.

È necessario conoscere il valore di *a* e di *b*.

Nei punti opportuni ci sono i commenti per trasformare il listato da C++ a C.

```
#include<iostream>
using namespace std;
int main()
  {
float a, b ; //Coefficienti a e b
float x ; //Valore di x che risolve l'equazione
cout<<"Risoluzione equazioni di primo grado nella
forma: ax + b = 0\n"; //printf("Risoluzione
equazioni di primo grado nella forma: ax + b =
0\n");
cout<<"Immetti coefficiente a: ";
//printf("Immetti coefficiente a: ");
cin>>a; //("%f", &a);
cout<<"Immetti coefficiente b: ";
//printf("Immetti coefficiente b: ");
cin>>b; //scanf("%f", &b) ;
//x è calcolato come x=-b/a. Vanno verificati i
valori di a e b
 if( a != 0 )
{
x = - b / a ;
```

```
cout<<"La soluzione e': "<<x<<endl; //printf("La
soluzione e' x = %f\n", x);
}
 else
{
if( b==0 ) //CASO b==0
{
cout<<"Equazione indeterminata (ammette infinite
soluzioni)\n"; //printf("Equazione indeterminata
(ammette infinite soluzioni)\n");
}
else //CASO a==0
{
cout<<"Equazione impossibile (non ammette
soluzioni)\n"; //printf("Equazione impossibile
(non ammette soluzioni)\n");
 }
}
system("pause");
return 0;
}
```

Oppure

```
#include <stdlib.h>
#include <iostream>
using namespace std;
int main()
{
    float a,b,x;
    cout << "Inserisci i due coefficienti: ";
    cin >> a; cin >> b;
    if (a==0)
       if (b==0) cout << "Equazione
indeterminata\n";
       else cout << "Equazione impossibile\n";
    else
```

```
      {x= -b/a; cout << "\nLa soluzione è: " << x
<< endl;}
    system("pause");
    return 0;
}
```

C Equazioni di 2° grado o quadratiche ax^2 + bx + c = 0. Delta
b*b-4ac
Se delta >0 ho 2 soluzioni reali e distinte
Se = 0 l'equazione diventa di primo grado e ho 1 soluzione reale
Se <0 ho 2 soluzioni non reali (immaginarie)
Prova con 2, 3, 4 e 2, 3, -4

```
#include <stdio.h>
#include <math.h>  //Per sqrt che calcola la
radice quadrata
#include <stdlib.h>
main(){
float a,b,c,delta,x1,x2,x,alfa,beta,aa,s;//a,b,c
coefficienti, x1 e x2 valori di x che risolvono
l'equazione se delta>0, x se delta=0,
alfa,beta,aa,s per delta <0
printf("Risoluzione equazioni di secondo grado
nella forma: ax^2 + bx + c = 0\n");
printf("Primo coefficiente a=");
scanf("%f",&a);
printf("Secondo coefficiente b=");
scanf("%f",&b);
printf("Terzo coefficiente c=");
scanf("%f",&c);
delta=b*b-4*a*c;
aa=2*a;
if (delta>0){ //Se delta >0 ho 2 soluzioni reali e
distinte
x1=(-b+sqrt(delta))/aa;
x2=(-b-sqrt(delta))/aa;
printf("\nCi sono due radici reali distinte:");
```

```
printf("\nPrima radice =%f",x1);
printf("\nSeconda radice =%f\n\n",x2);
}
else if (delta==0){ //L'equazione diventa di primo
grado e ho 1 soluzione reale
x=-b/aa;
printf("\nc'è una unica radice reale =%f",x);
}
else { //se delta<0 ho 2 soluzioni non reali
(immaginarie)
alfa=-b/aa;
s=sqrt(-delta);
beta=s/aa;
printf("\nCi sono due radici complesse:");
printf("\nPrima radice =%f+i%f",alfa,beta);
printf("\nSeconda radice =%f-i%f\n\n",alfa,beta);
}
system ("pause");
return 0;
}
```

C++ Immetti i valori di 3 lati e scopri che triangolo è
Equilatero (3 lati uguali)
Isoscele (2 lati uguali)
Scaleno (3 lati disuguali)
Rettangolo (un angolo a 90°) ergo se il quadrato di A=qB+qC o il
quadrato di B=qA+qC o il quadrato di C=qA+qB
Nei punti opportuni ci sono i commenti per trasformare il listato
da C++ a C.

```
#include <iostream>
#include <stdio.h>
#include <stdlib.h>
using namespace std;
int main()
```

```
{
float a, b, c; //lati del triangolo
float quadA, quadB, quadC; //quadrati costruiti
sui cateti per verificare se è un triangolo
rettangolo
cout<<"Scopri che tipo di triangolo e', in base
alla lunghezza dei lati\n"; //printf("Scopri che
tipo di triangolo è, in base alla lunghezza dei
lati") ;
cout<<"Immetti A: "; //printf("Immetti A: ") ;
cin>>a; //scanf("%f", &a) ;
cout<<"Immetti B: "; //printf("Immetti B: ") ;
cin>>b; //scanf("%f", &b) ;
cout<<"Immetti C: "; //printf("Immetti C: ") ;
cin>>c; //scanf("%f", &c) ;
if( a==b && b==c ) //Verifico se è equilatero (3
lati uguali)
  {
cout<<"Il triangolo e' equilatero\n"; //printf("Il
triangolo e' equilatero\n");
}
else
{
cout<<"Il triangolo non e' equilatero\n";
//printf("Il triangolo non e' equilatero\n") ;

if( a==b || b==c || a==c ) //Verifico se è
isoscele (2 lati uguali)
cout<<"Il triangolo e' isoscele\n"; //printf("Il
triangolo e' isoscele\n") ;
else
  {
cout<<"Il triangolo non e' isoscele\n";
//printf("Il triangolo non e' isoscele\n") ;
/*IL TRIANGOLO È SCALENO POICHE' NON È NÉ
EQUILATERO NÉ ISOSCELE*/
```

```
cout<<"Il triangolo e' scaleno\n"; //printf("Il
triangolo e' scaleno\n") ;
 }
/*SE IL TRIANGOLO NON È EQUILATERO PUO' ESSERE
RETTANGOLO*/
/*verifica se il triangolo è rettangolo (teorema
di Pitagora) calcolando il valore dei quadrati
costruiti sui cateti*/
quadA = a*a;
quadB = b*b;
quadC = c*c;
 if( quadA == quadB + quadC )
cout<<"Il triangolo e' rettangolo (ipotenusa
A)\n"; //printf("Il triangolo e' rettangolo
(ipotenusa A)\n") ;
else
{
if( quadB == quadA + quadC )
cout<<"Il triangolo e' rettangolo (ipotenusa
B)\n"; //printf("Il triangolo e' rettangolo
(ipotenusa B)\n") ;
else
{
if( quadC == quadA + quadB )
cout<<"Il triangolo e' rettangolo (ipotenusa
C)\n"; //printf("Il triangolo e' rettangolo
(ipotenusa C)\n") ;
 else
cout<<"Il triangolo non e' rettangolo\n";
//printf("Il triangolo non e' rettangolo \n") ;
}
}
}
system("pause");
 return 0;
}
```

Operatore Ternario
Opera su tre parametri e ha la seguente sintassi:

```
espressione1 ? espressione2 : espressione3
```

che corrisponde al seguente blocco if-else
```
if (espressione1)
{
    espressione2
} else {
    espressione3
}
```
Se espressione1 è vera, si esegue espressione2, altrimenti
espressione3.
Ad esempio per assegnare alla variabile max il massimo tra x e y:

```
if (x > y)
    max = x;
else
    max = y;
```

oppure con l'operatore ternario:
```
max = (x > y) ? x : y
```

Switch
Sintassi:
```
switch(variabile)
{
    case 1: //L'istruzione Case deve essere
seguita da una costante
      istruzione1;
        break; //Termina il ciclo
    case 2:
     istruzione2;
        break;
      ...
    case n:
```

```
        istruzionen;
            break;
        default: // facoltativo. Raggruppa tutti gli
altri casi.
            istruzionen+1;
}
```

Break termina lo switch dopo l'esecuzione di una scelta, altrimenti vengono comunque eseguite anche le istruzioni successive.

C Se digiti un carattere tra a ed e, stampalo, altrimenti dì che non è compreso in quell'intervallo

```c
#include<stdio.h>
#include<conio.h>
int main(){
    char ch;
    printf ("Inserisci un carattere: ");
    scanf ("%c",&ch);
    switch(ch) {
    case 'a': //Se ch=='a'...
    printf ("Hai digitato a\n");
    break; //Interrompi questo case
    case 'b':
    printf ("Hai digitato b\n");
    break;
    case 'c':
    printf ("Hai digitato c\n");
    break;
    default: //Se il valore di ch non è uno di
quelli sopra elencati...
    printf ("Non hai digitato un carattere
compreso fra a ed e\n");
    break;
    } //Fine della struttura switch-case
    printf("\nPremi un carattere da tastiera per
uscire.\n");
    getch();
```

```
    return 0;
}
```

C I pensionati P usufruiscono di uno sconto del 10%, gli studenti S del 15% e i disoccupati D del 25%. Richiesto il prezzo del biglietto e l'eventuale categoria dell'utente, visualizza l'importo da pagare.

```
#include<stdio.h>
#include<conio.h>
int main(){
    char categoria;
    float prezzo;
    printf("Stampa il prezzo scontato in base alla
categoria:\n\nCategoria (P=pensionati, S=studenti,
D=disoccupati. Case sensitive): ");
    scanf("%c",&categoria);
    printf("Immetti prezzo biglietto: ");
    scanf("%f",&prezzo);
    switch(categoria){    //Controlli e calcoli
        case 'P' :
            prezzo -= prezzo * 0.1; //costo=costo-
costo*0,1
            break;
        case 'S':
            prezzo -= prezzo * 0.15;
            break;
        case 'D':
            prezzo -= prezzo * 0.25;
            break;
        default:
            printf("Non fai parte delle categorie
protette\n");
    }
    printf("Il prezzo del biglietto e':
%f\n",prezzo);
```

```
    printf("\nPremi un carattere da tastiera per
uscire.\n");
    getch();
    return 0;
}
```

C++ Realizza una semplice calcolatrice. Leggi due numeri, chiedi l'operazione da effettuare (+, -, *, /) e visualizza il risultato.

```
#include <iostream>
#include <stdlib.h>
using namespace std;
int main()
{double a,b; char op;
 cout << "Inserisci il primo operando: "; cin >>
a;
 cout << "Inserisci il secondo operando: "; cin >>
b;
 cout << "Quale operazione (+ - * /)? "; cin >>
op;
 switch (op) {
   case '+': cout << "Risultato = " << a+b << endl;
break;
   case '-': cout << "Risultato = " << a-b << endl;
break;
   case '*': cout << "Risultato = " << a*b << endl;
break;
   case '/': cout << "Risultato = " << a/b << endl;
break;
   default: cout << "Errore. Devi inserire uno dei
segni + - * /\n";
                }
 system("pause");
 return 0;
}
```

Controlli Iterativi

Necessari per far ripetere (ciclare) al programma un blocco di istruzioni per un certo numero di volte.

- **for** se sai a priori quante volte si ripeterà l'iterazione
- **while** se non sai a priori quante volte si ripeterà l'iterazione (es. possibile che non si debba ripetere nemmeno una volta o che si debba interrompere quando l'utente digita un certo valore). Continua il ciclo finché l'espressione associata non risulta falsa
- **do-while** come while, con la differenza che il blocco di istruzioni dovrà essere eseguito almeno una volta.

For
```
for (inizializzazione; condizione; incremento)
    istruzione/i
```

Parametri:
- Il primo inizializza una variabile che terrà traccia del numero di iterazioni del ciclo; a differenza del C++, dove la dichiarazione può essere fatta contemporaneamente all'inizializzazione, nel C la variabile va dichiarata fuori, prima del for
- Il secondo è la condizione che, se falsa, interrompe l'esecuzione del ciclo
- Il terzo è l'istruzione di incremento eseguita dopo ogni ciclo; incrementa o decrementa il valore della variabile

Ecco un codice che conta da zero a cento e stampa la variabile:
```
int i;
for (i=0; i<=100; i++)
    cout << "iterazione numero = " << i << endl;
```

Un ciclo che non termina (ciclo for infinito) di norma è un errore, ma esiste una situazione in cui si cicla all'infinito finché l'utente non decide di interrompere il programma, ad esempio avendo un menu che ogni volta deve presentarsi sullo schermo; eccolo:
```
main ()
{
```

```
for ( ; ; )
{
    cout << premi Ctrl+Z per interrompere";
}
}
```

È possibile usare più di una variabile, ad esempio:

```
int alto;
int basso;

for (alto=100, basso=0; alto >= basso; alto--,
basso++)
    cout << "A=%d - B=%d n", alto, basso);
```

C stampa a video 5 volte "Ciao"

```
int main() {
printf ("Ciao \n");
printf ("Ciao \n");
printf ("Ciao \n");
printf ("Ciao \n");
printf ("Ciao \n");
}
```

Con for diventa

```
#include <stdio.h>
#include<conio.h>
int main()
{
int i; // Variabile "contatore"
for (i=0; i<5; i++) //Per i che va da 0 a 5,
incrementa la variabile di 1, esegui il ciclo e
stampa. O (i=1; i<=5; i++) O (i=5; i>0; i--)
printf ("Ciao\n");
printf ("\nPremi...");
getch();
return 0;
```

```
}
```

C++ Calcola la media di *n* numeri letti da tastiera
```
#include <iostream>
#include <stdlib.h>
using namespace std;
int main()
{
float somma=0, num, media; int i,n;
  cout << "Quanti numeri? "; cin >> n;
  for (i=0; i<n; )
    {cout << "Inserisci numero " << ++i << ": ";
cin >> num;
     somma += num;}
  media = somma / n;
  cout << "La media e' = " << media << endl;
  system("pause");
  return 0;
}
```
L'incremento è stato incluso tra le istruzioni del ciclo:
```
cout << "Inserisci numero " << ++i << ": « ;
```
La notazione prefissa (++i) produce in output l'incremento.

C++ Altro esempio per calcolare la media
```
#include <iostream>
using namespace std;
int main() {
    float x, y, z, media;
    cout<<"Inserisci il primo dei tre numeri: \t";
    cin>>x;
    cout<<"Inserisci il secondo dei tre numeri:
\t";
    cin>>y;
    cout<<"Inserisci il terzo dei tre numeri: \t";
    cin>>z;
    media=(x+y+z)/3;
```

```
    cout<<"La media e' pari a: \t"<<media<<endl;
    return 0;
}
```

C++ Altro esempio per calcolare la media
```
#include <iostream>
using namespace std;
int main() {
    float x, media;
    cout<<"Inserisci il primo dei tre numeri: \t";
    cin>>x;
    media=x;
    cout<<"Inserisci il secondo dei tre numeri:
\t";
    cin>>x;
    media=media+x;
    cout<<"Inserisci il terzo dei tre numeri: \t";
    cin>>x;
    media=media+x;
    media=media/3;
    cout<<"La media e' pari a: \t"<<media<<endl;
    return 0;
}
```

C++ Visualizza i numeri primi compresi tra due limiti a e b dati in input.
I numeri primi sono quelli divisibili solo per 1 e per se stessi. Un numero non è divisibile per nessun numero compreso tra 2 e la radice del numero.
```
#include <iostream>
#include <stdlib.h>
#include <math.h> //Per la funzione sqrt (square
root= radice quadrata)
using namespace std;
int main(){
int a,b,p,i;
```

```
cout << "Inserisci limite inferiore: "; cin >> a;
cout << "Inserisci limite superiore: "; cin >> b;
for (p=a; p<=b; p++)
   {for (i=2;i<= sqrt(p);i++) //Se c'è un divisore
<= sqr(p) ferma il ciclo
      if (!(p % i)) break;
   //Se il ciclo non è stato fermato il numero p è
primo
     if (i > sqrt(p)) cout << p << " - ";
     }
  system("pause");
  return 0;
}
```

While
```
while (condizione)
   istruzione/i
```

Le istruzioni all'interno del while agiscono sulla condizione che il while attende falsa per uscire dal ciclo, altrimenti il ciclo continuerebbe.
Ad esempio per stampare le cifre da 0 a 99 in C++:
```
int i = 0;
while (i != 100)
{
   cout << "Iterazione = " << i << endl;
   i++;
}
```

Affinché while verifichi la condizione, bisogna dichiarare la variabile prima del while stesso.

C Dai la scelta di far ripetere dall'inizio
```
#include <stdio.h>
main()
   {
       char risposta = 's';
       while (risposta == 's')
```

```
        {
            printf("Vuoi continuare? s/n ");
            scanf("%s", &risposta); //O " %c" con
lo spazio, necessario perché questo scanf non
elimina eventuali invii a capo e spazi lasciati in
memoria da scanf precedenti
        }
        return 0;
    }
```

C Stampa 5 volte Ciao

```
#include <stdio.h>
#include<conio.h>
int main()
{
int i=0;
while (i<5) { //Finché la variabile i è <5 esegue
il blocco di istruzioni all'interno del while,
incrementando i ad ogni loop. Il ciclo termina
quando la condizione di partenza non è più vera
printf ("Ciao\n",i);
i++;}
printf ("\nPremi...");
getch();
return 0;
}
```

C Calcola la media dei voti

```
#include <stdio.h>
main() {
    int i=1, numerovoti, sommavoti=0, votopreso;
//La variabile del ciclo while s'inizializza
subito. Somma parte da 0
    float media;
    char scelta='S'; //Per fargli continuare il
programma
```

```
    while (scelta== 'S'){ //Per fargli continuare
il programma
        printf("Inserisci il numero di voti: ");
        scanf("%d", &numerovoti);
        while (i<=numerovoti) {
            printf("\nScrivi il voto numero %d:
",i);
            scanf("%d",&votopreso);
            sommavoti=sommavoti+votopreso; //Somma i
voti presi ogni volta O sommavoti += votopreso;
            i=i+1;
        }
media=(float)sommavoti/numerovoti;
    printf("\nLa media dei voti e': %f\n",media);
    printf("\nPer continuare premi S (maiuscolo)
altrimenti premi un altro tasto \nScelta: ");
//Per fargli continuare il programma
    scanf(" %c",&scelta); //Per fargli continuare
il programma. Nota lo spazio prima di %c (O %s)
        } //Per fargli continuare il programma
return 0;
}
```

C++ Inserita la propria data di nascita, dì il segno zodiacale

```
//Capricorno: 23 dicembre - 20 gennaio
//Acquario: 21 gennaio - 19 febbraio
//Pesci: 20 febbraio - 21 marzo
//Ariete: 22 marzo - 20 aprile
//Toro: 21 aprile - 21 maggio
//Gemelli: 22 maggio - 21 giugno
//Cancro: 22 giugno - 23 luglio
//Leone: 24 luglio - 23 agosto
//Vergine: 24 agosto - 23 settembre
//Bilancia: 24 settembre - 23 ottobre
//Scorpione: 24 ottobre - 22 novembre
//Sagittario: 23 novembre - 22 dicembre
```

```
#include <iostream>      //Per system
#include <conio.h>
using namespace std;
int main(){
int mese, giorno, MaxGiorni;
while (mese!=0){     //Continua finché non viene
inserito 0 come mese
     system("CLS");               //Anche clrscr();
pulisce lo schermo
    cout<<"\t\t\t\tOROSCOPO\n\n";
    cout<<"(Premi 0 per uscire)"<<endl<<endl;
    cout<<"Inserire il MESE di nascita nel
formato n: ";
    cin>>mese;
    if (mese>-1 && mese<13){
        if (mese==0){           //Se il mese
inserito è 0
            break;               //Termino
l'applicazione
        }
        else{
            if (mese==11 || mese==4 || mese==6
|| mese==9){
                MaxGiorni=30;   //Associo alla
variabile MaxGiorni il numero massimo di giorni di
cui è composto il mese scelto
            }
            if (mese==2){
                MaxGiorni=29;


            }
            if (mese==1 || mese==3 || mese==5
|| mese==7 || mese==8 || mese==10 || mese==12) {
                MaxGiorni=31;
            }
```

```
            cout<<"Inserire il GIORNO di
nascita: ";
            cin>>giorno;
            if (giorno<1 || giorno>MaxGiorni){
    //Controllo se il giorno inserito è
accettabile
                cout<<"Scelta non valida!\n";
            }
            else
            {
                switch(mese){
//Controllo il mese inserito e, a seconda del
giorno, comunico il segno
                    case 1:
                        if (giorno<21){

                            cout<<"Sei un
CAPRICORNO\n";
                        }
                        else{
                            cout<<"Sei un
ACQUARIO\n";
                        }
                    break;
                    case 2:
                        if (giorno<20){
                            cout<<"Sei un
ACQUARIO\n";
                        }
                        else{
                            cout<<"Sei un
PESCI\n";
                        }
                    break;
                    case 3:
                        if (giorno<22){
```

```
                                   cout<<"Sei un
PESCI\n";
                           }
                           else{
                               cout<<"Sei un
ARIETE\n";
                           }
                       break;
                       case 4:
                           if (giorno<21){
                               cout<<"Sei un
ARIETE\n";
                           }
                           else{
                               cout<<"Sei un
TORO\n";
                           }
                       break;
                       case 5:
                           if (giorno<22){
                               cout<<"Sei un
TORO\n";
                           }
                           else{
                               cout<<"Sei un
GEMELLI\n";
                           }
                       break;
                       case 6:
                           if (giorno<22){
                               cout<<"Sei un
GEMELLI\n";
                           }
                           else{
                               cout<<"Sei un
CANCRO\n";
                           }
```

```
                              break;
                              case 7:
                                  if (giorno<24){
                                      cout<<"Sei un
CANCRO\n";
                                  }
                                  else{
                                      cout<<"Sei un
LEONE\n";
                                  }
                              break;
                              case 8:
                                  if (giorno<24){
                                      cout<<"Sei un
LEONE\n";
                                  }
                                  else{
                                      cout<<"Sei un
VERGINE\n";
                                  }
                              break;
                              case 9:
                                  if (giorno<24){
                                      cout<<"Sei un
VERGINE\n";
                                  }
                                  else{
                                      cout<<"Sei un
BILANCIA\n";
                                  }
                              break;
                              case 10:
                                  if (giorno<24){
                                      cout<<"Sei un
BILANCIA\n";
                                  }
                                  else{
```

```
                            cout<<"Sei un
SCORPIONE\n";
                        }
                    break;
                    case 11:
                        if (giorno<23){
                            cout<<"Sei un
SCORPIONE\n";
                        }
                        else{
                            cout<<"Sei un
SAGITTARIO\n";
                        }
                    break;
                    case 12:
                        if (giorno<23){
                            cout<<"Sei un
SAGITTARIO\n";
                        }
                        else{
                            cout<<"Sei un
CAPRICORNO\n";
                        }
                    break;
                }
            }
            cout<<"\nPremi un tasto per
continuare...";
            getch();   //Aspetto che venga
premuto un tasto prima che inizi un altro ciclo e
che venga pulito lo schermo
        }
    }
}
}
```

Do - While
do
  istruzione/i
while (condizione);

Differentemente dal while, do while esegue l'istruzione al suo interno almeno una volta, indipendentemente dal fatto che la condizione sia vera o falsa.

C Fai ripetere dall'inizio facendo eseguire almeno una volta le istruzioni del loop

```
#include <stdio.h>
main()
  {
       char risposta;
       do
       {
            printf("Vuoi continuare? s/n ");
            scanf("%s", &risposta); //O " %c" con
lo spazio
       }
       while (risposta == 's'); //Attenzione in
questo caso la while, non avendo istruzioni
associate,  va chiusa con ;
       return 0;
       }
```

C Calcola la media dei voti. Fai ripetere il programma.

```
#include <stdio.h>
int main()
{
    int i,numerovoti,sommavoti=0,votopreso; //La
variabile del ciclo for s'inizializza nel ciclo
stesso. Somma parte da 0
    float media;
```

```
    char scelta='S';  //Per fargli continuare il
programma
    while (scelta== 'S'){  //Per fargli continuare
il programma
    printf("Inserirci il numero di voti: ");
    scanf("%d",&numerovoti);
    for (i = 1; i<=numerovoti; i++){
        printf("\nScrivi il voto numero %d: ",i);
        scanf ("%d",&votopreso);
        sommavoti += votopreso; //Somma i voti
presi ogni volta O sommavoti=sommavoti+votopreso;
    }
    media = (float)sommavoti/numerovoti;
    printf("\nLa media dei voti e': %f\n",media);
        printf("\nPer continuare premi S
(maiuscolo) altrimenti premi un altro tasto
\nScelta: ");
        scanf(" %c",&scelta); // Nota lo spazio
prima di %c (O %s)
        }
return 0;
}
```

C Calcola quanto si spende in un negozio acquistando un certo numero di prodotti.

L'utente sa il numero di prodotti acquistati e, per ogni prodotto, inserisce il costo.

```
#include<stdio.h>
int main(){
        char risposta = 'S';        //Per fargli
continuare il programma
        while (risposta == 'S'){    //Per fargli
continuare il programma
    int i,nprod;
    float tot=0,prezzo;
    printf("Inserire il numero dei prodotti: ");
```

```
    scanf("%d",&nprod);
    for (i = 1; i<=nprod; i++){
        printf("\nInserire il prezzo del prodotto
numero %d. Euro ",i);
        scanf("%f",&prezzo);
        tot += prezzo; //tot=tot+prezzo
    }
    printf("\nIl totale e' di %.2f Euro\n",tot);
            printf("\nPer continuare premi S
(maiuscolo) altrimenti premi un altro tasto
\nScelta: ");
            scanf(" %c", &risposta);}    //Nota
lo spazio prima di %c (O %s)
return 0;
}
```

Un esercizio prima in **C** e poi in **C++** su Do while e Switch case
C Costruisci una cornice di 3 righe con asterischi e all'interno
CALCOLATRICE
Dopo aver acquisito due numeri interi visualizza il seguente menu:
SCELTA OPERAZIONI
1) Addizione
2) Sottrazione
3) Moltiplicazione
4) Divisione
5) Esci
Scelta:_
Attendi l'immissione di un numero da parte dell'utente e visualizza
il risultato dell'operazione. Se la scelta (numerica) non è tra quelle
proposte (1, 2, 3, 4, 5), visualizza: "Opzione inesistente", "Per
continuare premi S o s, altrimenti premi un altro tasto".
```
#include<stdio.h>
int main(){
    int scelta, n1, n2;
```

```
    char s; //Per fargli continuare il programma.
printf("********************************************
*****************************\n");
printf("*                          CALCOLATRICE
*\n");
printf("********************************************
******************************\n\n");
    //Finché la condizione (cioè scelta) non è
diversa da 5, ripeti il ciclo
    do {
        printf("Inserire il primo numero: ");
        scanf("%d",&n1);
        printf("Inserire il secondo numero: ");
        scanf("%d",&n2);
        printf("\nScegliere tra le seguenti
opzioni:\n1) Addizione\n2) Sottrazione\n3)
Moltiplicazione\n4) Divisione\n5) Esci\n\nScelta:
");
        scanf("%d",&scelta);
    //Switch con i vari casi di operazione
        switch(scelta){
            case 1:
                printf("\nRisultato: %d + %d =
%d\n\n",n1,n2,n1+n2);
                break;
            case 2:
                printf("\nRisultato: %d - %d =
%d\n\n",n1,n2,n1-n2);
                break;
            case 3:
                printf("\nRisultato: %d * %d =
%d\n\n",n1,n2,n1*n2);
                break;
            case 4:
                printf("\nRisultato: %d / %d =
%f\n\n",n1,n2,(float)n1/n2);
                break;
```

```
        case 5:
            break; //Esce, ma prima devo fare
l'operazione
            default: //Nel caso il valore di
scelta non sia uno di quelli sopra elencati...
                printf("\nScelta numerica errata,
riprova\n");
            }
                printf("\nPer continuare
premi S o s, altrimenti premi un altro tasto
\nScelta: ");
                scanf(" %c",&s); //Nota lo
spazio prima di %c
            } while(s=='s' || s=='S');
//Operatore logico OR || (esiste anche AND &&)  per
usare S oppure s
        return 0;
}
```

C++ Tramuto il codice

Printf diventa **cout<<** e **Scanf** diventa **cin>>**

Con **cout** e **cin** il tipo della variabile viene dedotto automaticamente, non necessito quindi di %... e &...

```
#include<iostream>
using namespace std;
int main(){
    int scelta, n1, n2;
    char s; //Per fargli continuare il programma.
cout<<"*********************************************
***************************\n";
cout<<"*                          OPERAZIONI
*\n";
cout<<"*********************************************
***************************\n\n";
    do {
        cout<<"Inserire il primo numero: ";
```

```
    cin>>n1;
    cout<<"Inserire il secondo numero: ";
    cin>>n2;
    cout<<"\nScegliere tra le seguenti
opzioni:\n1) Addizione\n2) Sottrazione\n3)
Moltiplicazione\n4) Divisione\n5) Esci\n\nScelta:
";
    cin>>scelta;
    switch(scelta){
        case 1:
            cout<<"\nRisultato: "<<n1+n2;
            break;
        case 2:
            cout<<"\nRisultato: "<<n1-n2;
            break;
        case 3:
            cout<<"\nRisultato: "<<n1*n2;
            break;
        case 4:
            cout<<"\nRisultato: "<<n1/n2;
            break;
        case 5:
            break;
        default:
            cout<<"\nScelta numerica errata,
riprova\n";
            }
            cout<<"\nPer continuare
premi S o s, altrimenti premi un altro tasto
\nScelta: ";
            cin>>s; //scanf(" %c",&s);
            } while(s=='s' || s=='S');
    return 0;
}
```

Istruzione di salto

Già sappiamo che l'istruzione **break** esce dal ciclo o dallo **switch**; l'istruzione **continue** salta invece una iterazione del ciclo senza interromperlo. Quindi **break** e **continue** modificano la normale sequenza con cui vengono eseguite le istruzioni in un blocco o in un ciclo.

C++ Leggi un numero da tastiera, se è tra 1 e 100 stampa a video il suo quadrato, se è minore da 0 esci dal ciclo, se è maggiore di 100 chiedi di inserire un valore valido, se è zero esci:

```cpp
#include <iostream>
using namespace std;
int main()
{
    int numero;
    do
    {
        cout << "Immetti valore: ";
        cin >> numero;
        if (numero < 0)
        {
            cout << "Valore non valido \n";
            break; /* Esce dal ciclo */
        }
        if (numero > 100)
        {
            cout << "Valore non valido \n";
            continue;
        }
        int quadrato = numero * numero;
        cout << "quadrato = " << quadrato << endl;
    } while (numero!= 0 );
    system("pause");
}
```

L'istruzione **return** determina la fine dell'esecuzione di un sottoprogramma e fa tornare il punto di esecuzione al programma chiamante; come sappiamo serve anche per terminare il programma principale *main*.

L'istruzione di salto incondizionato **goto** (go to = vai a) trasferisce il punto di esecuzione a una posizione, l'*etichetta*, stabilita dal programmatore. La sintassi è: **goto** *<etichetta>*

Un'*etichetta* è un qualsiasi identificatore valido seguito da due punti :. Per esempio:

```
pippo:
    contatore++;
    ...
    goto pippo;
```

goto andrebbe evitato perché rende difficile il controllo del programma e rimpiazzato ad esempio con le strutture condizionali.

typedef

La parola chiave **typedef** permette di definire nuovi tipi di dato. Per definirne uno di nome *libro* (si sta per anticipare un tipo di dato avanzato chiamato struttura) dove *manuale* è la variabile creata di tipo *libro*:

```
typedef struct libro
    {
        char titolo[80];
        char autore[40];
        int anno;
        float prezzo;
    } libro;
libro manuale={"Fondamenti di C", "Andrea
Pacchiarotti", 2020, 30};
```

Con *libro* è poi possibile creare degli array:

```
libro collana[1000];
```

Per accedervi o inizializzarne i valori, basta usare l'indice per identificare l'elemento dell'array e il punto per accedere alle variabili interne del tipo *libro*:

```
//Assegno un valore al prezzo del centesimo libro
collana[99].prezzo = 30.25;
```

```
//Assegno a una variabile int l'anno di pubblicazione del
```
centunesimo libro

```
int anno = collana[100].anno;
```

C Inserisci tra 1 e 100 auto per gestire un autosalone che memorizzi per ogni auto modello, targa, colore, prezzo. Dopo l'inserimento permetti all'utente di cercare un'auto inserita tramite la targa. Gestisci il caso di una ricerca con targa sbagliata

```
#include <stdio.h>
#include <string.h>
#include <stdlib.h>
#define MAX_AUTO 100
typedef struct { //La funzione typedef definisce
nuovi tipi di dato, in questo caso "automobile".
    char modello[16];
```

```
    char targa[7];
    char colore[7];
    float prezzo;
} automobile;
int main(){
    automobile autosalone[MAX_AUTO]; //dichiaro un
vettore con tipo dato automobile
    int numero_auto,i;
    char targa_ricerca[7];
    bool auto_trovata = false; //inizializzo la
variabile auto_trovata come falso
    do { //inserisco almeno 1 auto, ma al massimo
100
        printf("Quante auto ci sono nell'autosalone?
");
        scanf("%d",&numero_auto);
        printf("\n");
        if (numero_auto <= 0 || numero_auto >=
MAX_AUTO)
            printf("Numero non valido, inserisci tra
1 e 100\n");
        } while(numero_auto <= 0 || numero_auto >=
MAX_AUTO);
    for (i = 0; i < numero_auto; i++){
        printf("Auto %d - MODELLO: ", i+1);
        scanf("%s",autosalone[i].modello);
        printf("Auto %d - TARGA: ", i+1);
        scanf("%s",autosalone[i].targa);
        printf("Auto %d - COLORE: ", i+1);
        scanf("%s",autosalone[i].colore);
        printf("Auto %d - PREZZO: Euro ", i+1);
        scanf("%f",&autosalone[i].prezzo);
        printf("\n\n");
                                        }
    printf("--------------------------\n");
    printf("Cerca auto tramite targa...\n");
    printf("TARGA: ");
    scanf("%s",targa_ricerca);
    printf("\nCerco la targa %s\n", targa_ricerca);
    for (i = 0; i<numero_auto; i++){
```

```
    if
(strcmp(targa_ricerca,autosalone[i].targa) == 0){
//La funzione strcmp() effettua il confronto fra
le due stringhe s1 e s2.
//confronta la targa ricercata con le targhe
presenti nell'autosalone
//se il confronto è pari a 0, l'auto è stata
trovata
        auto_trovata = true;
        printf("Trovata auto con targa %s\n",
autosalone[i].targa);
        printf("  - NOME: %s\n",
autosalone[i].modello);
        printf("  - COLORE: %s\n",
autosalone[i].colore);
        printf("  - PREZZO: %.2f Euro\n\n",
autosalone[i].prezzo);
        break;
}
}
   if (!auto_trovata)
     printf("Nessuna auto con targa %s e' stata
trovata\n", targa_ricerca);
system("pause");
   return 0;
}
```

Tipi di dati avanzati

Array monodimensionali (vettori)

Un array è un insieme di variabili (dette elementi) dello stesso tipo (accomunate dallo stesso nome, quello del vettore) in cui è possibile identificare univocamente tutti gli oggetti dell'array stesso dall'indice, ovvero dal numero associato a ogni elemento, che ne determina la posizione nell'array.

I **vettori** sono quindi strutture formate da un insieme di variabili **dello stesso tipo** disposte in memoria consecutivamente. Ad esempio un vettore di nome V, di 6 elementi, contenente i numeri 10, 15, 20, 5, 7, 25, potrebbe essere così disegnato:

10	15	20	5	7	25
V[0]	V[1]	V[2]	V[3]	V[4]	V[5]

```
int V[6]; // dichiaro un vettore di dimensione 6
```

Ognuno dei 6 interi è un **elemento** dell'array. Ogni elemento viene identificato da un numero, contando da 0 (invece che da 1) e arrivando, in questo caso, a 5. In un array di dimensione 6, i suoi indici andranno perciò da 0 a 5 e un elemento richiamato, ad esempio, tramite l'indice 5, sarà il sesto elemento, dato che si inizia a contare da 0.

La lunghezza dev'essere nota a priori perché alcuni compilatori non riconoscono gli array a dimensione variabile.

Dichiarare un vettore:

```
tipo nomevettore[quantità];
int a[5]; // a è un array di 5 numeri interi
double b[10]; // b è un array di 10 numeri double
char c[10]; // c è un array di 10 caratteri
float d[5]; // d è un array di 5 numeri float
```

Il numero di valori iniziali può anche essere inferiore alla dimensione, in tal caso gli elementi non valorizzati vengono inizializzati con un valore che per i tipi numerici è 0 (per i caratteri è il carattere '\0'). Per esempio:

```
int a[4] = {1, 2}; //Inserisce nel vettore {1, 2,
0, 0}
```

È possibile accedere agli elementi dell'array con l'operatore [], cioè leggere da tastiera il valore di un elemento del vettore:

```
cout<<"Inserisci il valore del primo elemento: ";
cout << a[1]; //stampa il valore della posizione 2
dell'array
```

oppure

```
printf ("Inserisci il valore del primo elemento:
");
scanf("%d",&mioarray[0]);
printf ("Il primo elemento vale
%d\n",mioarray[0]);
```

Per inserire il valore 15.20 nell'array di float alla quarta posizione:

```
float_array[3] = 15.20
```

Per utilizzare il valore nella quarta posizione dell'array e memorizzarlo in un'altra variabile:

```
float myvar = float_array[3];
```

Per inizializzare un array passando direttamente i valori, cioè dichiarare un vettore in modo esplicito col suo contenuto:

```
int n[] = { 2, 4, 3, 6, 5 }; // la dimensione
viene calcolata automaticamente
int n[4] = { 2, 4, 3, 6 }; // va bene
int n[4] = { 2, 4, 3, 6, 32 }; // errore: troppi
valori
int n[4] = { 2, 4, 3 }; // va bene: l'elemento
mancante è inizializzato a 0
```

Gli array di caratteri possono essere inizializzati anche senza virgole:

```
char c[] = "Hello World!";
char c[] = {'H', 'e', 'l', 'l', 'o', ' ', 'W',
'o', 'r', 'l', 'd', '!'};
```

Con una variabile che incrementi (o decrementi) il suo valore a ogni ciclo, è semplice scorrere le posizioni dell'array. Ad esempio in un vettore di int di 100 elementi, stampare a video il contenuto di tutte le posizioni dell'array in C++:

```
int vettore[100];
int i;
for (i=0; i<100; i++)
{
    cout >> vettore[i] >> endl;
}
```

La variabile i del ciclo for viene usata come indice per l'array.

Dare a ogni elemento del vettore il valore uguale alla sua posizione:

```
int vettore[100];
int i;
for (i=0; i<100; i++)
{
    vettore[i] = i;
}
```

C++ Crea una serie di numeri (massimo 100) e mostra solo quello/i superiori alla media (senza vettori servirebbero 100 variabili diverse)

```
#include <iostream>
using namespace std;
int main(){
```

```
double num[100]; double media=0;
int n; cout << "Quanti numeri (max 100)? "; cin >>
n;
for (int i=0;i<n; i++) { //Leggo
  cout << "Inserisci l\'elemento " << i  << " : ";
  cin >> num[i];   media +=num[i];
    }
media = media /n; //Calcolo la media
for (int i=0;i<n; i++)
if (num[i] > media) cout << num[i] << "; ";
  system("pause");
  return 0;
}
```

C Data in input la somma da pagare (ad esempio 195.000) calcola il numero di vecchie banconote in Lire da 100.000, 10.000, 5.000, 2.000 e 1.000 sono necessarie. Usa il numero minimo di banconote. Inserisci i 5 tagli in un vettore e poi in un ciclo calcola per ogni taglio le banconote necessarie iniziando dal maggiore. Per il calcolo dividere la somma che resta da pagare per il taglio delle banconote, il quoziente è il numero di banconote da usare per quel taglio mentre il resto è la somma da pagare con i tagli più piccoli.

```
#include <stdio.h>
#include <stdlib.h>
int main(){
  int tb[]={100000, 10000, 5000, 2000, 1000};
  int somma, i; //somma è l'importo (input)
  int nb[5]; //numero banconote (output)
  printf("Inserisci la somma da pagare: ");
scanf("%d", &somma);
  for (i= 0; i <5; i++) {
    nb[i] = somma / tb[i]; //nb del taglio i
    somma %= tb[i];//resto dopo aver dato il
taglio i
    printf("Servono %d banconote da %d \n",
nb[i], tb[i]);
```

```
    }
    system("pause");
    return 0;
}
```

C++ Carica un vettore con numeri a caso

A volte serve generare numeri a caso. Sono numeri pseudocasuali perché calcolati con funzioni matematiche e perciò non casuali come quelli scelti da una persona bendata.

La funzione **rand()** (*random* = *casuale*), restituisce un numero intero casuale tra 0 e la costante RAND_MAX, si richiama senza parametri.

```
#include <iostream>
#include <stdlib.h> //Per rand
using namespace std;
int main(){
    int v[100], n;
    cout << "Quanti numeri? "; cin >> n;
    cout << "I numeri inseriti nel vettore sono:\n";
    for (int i=0; i<n; i++) {
        v[i]= rand();
        cout << v[i]<< '\t';
    }
cout << "\n";
    system("pause");
    return 0;
}
```

Supponiamo di aver chiesto 3 numeri. Eseguendo nuovamente il programma la funzione rand genera gli stessi numeri di prima (o se ne chiedono ad esempio 4, i primi 3 sono quelli di prima). Per evitarlo basta usare la funzione **srand(** <*numero iniziale*>**)** insieme alla funzione **time** che restituisce il numero di secondi trascorsi dalla mezzanotte del 1/1/1970 a oggi e perciò un valore diverso a ogni esecuzione.

C++ Genera numeri con la virgola tra 10 e 20

```
#include <iostream>
#include <stdlib.h> //Per srand
#include <time.h> //Per time
using namespace std;
int main(){
  double v[100], n;
  srand(time(0));
  cout << "Quanti numeri? "; cin >> n;
  cout << "I numeri inseriti nel vettore sono:\n";
  for (int i=0; i<n; i++) {
    v[i]= 10 + (double)rand()/RAND_MAX*10;
    cout << v[i]<< '\t';
  }
  cout << "\n";
  system("pause");
  return 0;
}
```

Ordinamento di un vettore

I metodi più semplici, ma più lenti, sono: selezione, inserzione, bubble sort. Vanno bene per vettori con pochi elementi. Per array più corposi utilizzare Quick sort.

Supponendo che v[] sia il vettore e che n sia il numero di elementi dello stesso:

Selezione

```
// ordinamento crescente
 for (i= 0; i<n-1; i++)
 //Cerco l'elemento più piccolo e lo metto al
posto i
    for(j=i+1; j<n; j++)
       if (v[i] > v[j]) {
          x = v[i]; v[i]=v[j]; v[j]= x; //Scambio
di posto gli elementi
       }
```

Inserzione

```
for (i=1; i<n; i++) {
  x=v[i]; v[0]= x
  j = i-1;
  while (x < v[j]) {v[j+1]=v[j]; j=j-1;}
  v[j+1]=x;
}
```

Bubble sort

```
int j=n-1, i, k, tmp;
while (j>0) {
   // k = è la posizione dove effettuo l'ultimo
scambio
   k=0;
   for (i=0; i<j; i++) {
      if (v[i] > v[i+1]) {tmp=v[i]; v[i]=
v[i+1]; v[i+1]=tmp; k=i;}
   }
   j = k;
}
```

Quick sort

```
void quick(int *v, int s, int d) {
 /* v = vettore da ordinare, s = posizione primo
elemento della partizione da ordinare
   d = posizione ultimo elemento della partizione
*/
   int i=s,j=d, x, tmp;
//Prendo l'elemento centrale della partizione ma
può essere uno qualsiasi
   x= v[(s+d)/2];
   do {
```

```
    while (v[i] < x) i++; //Trovo il primo
elemento a sinistra not < x
    while (v[j] > x) j--; //Trovo il primo
elemento a destra not > x
    //Scambio i due elementi  trovati
    if (i<=j) {tmp=v[i]; v[i]=v[j]; v[j]= tmp;
i++; j--; }
  } while (i <= j);   //Ripeto finché i e j si
incontrano

  /*Ripeto l'operazione per le due partizioni
create, quella che va da s a j e quella da i a d,
solo se hanno più di un elemento e partendo dalla
più piccola */
  if (s < j)
    if (j-s < d-i) {quick(v, s, j); quick(v,i,d);}
    else {
     if (i < d) quick(v,i,d);
     quick(v,s,j);
     }
  else if (i < d) quick(v,i,d);
}
```

per richiamarlo: `quick(v,0,n-1);`

Ricerca in un vettore
```
trovato = 0; i = 0; f = n-1;
  while (!trovato && i <= f) {
     p = (i+f)/2;
     if (vi[p] == elem) {trovato = 1; break;}
     else if (vi[p] > elem) f=p-1; else i =p+1;
  }
```
La variabile:

- *trovato* indica se l'elemento è stato trovato
- *p* indica la posizione in cui è stato trovato

C/C++ Calcola la media aritmetica di 5 numeri

```c
#include<stdio.h>
#include<iostream>
using namespace std;
int main(){
float numeri[5];
float media=0;
int i;
char s;
    do {
for (i=0; i<5; i++) {
printf ("Valore n.%d: ",i);
scanf ("%f",&numeri[i]);
media += numeri[i]; // Sommo fra loro tutti i
numeri nel vettore
}
media /= 5; // Divido la somma dei numeri per la
loro quantità (5)
printf ("Media aritmetica: %f\n",media);
cout<<"\nPer continuare premi S o s, altrimenti
premi un altro tasto \nScelta: "; //printf("\nPer
continuare premi S o s, altrimenti premi un altro
tasto \nScelta: ");
cin>>s;
//scanf(" %c",&s); //Nota lo spazio prima di %c
    } while(s=='s' || s=='S'); //Operatore logico
OR ||per usare S oppure s
        return 0;
}
```

C++ Ottenere il seguente output

```
ALBERGO VITTORIA
----------------
Inserire il numero di camere che ha l'albergo: 2

Inserire il numero identificativo della camera numero 1: 1
Inserire il numero identificativo della camera numero 2: 2

Inserire il numero di posti letto (da 1 a 4) della camera 1: 3
Inserire il numero di posti letto (da 1 a 4) della camera 2: 4

L'albergo puo' ospitare 7 persone

Ci sono 0 camere da 1, 0 camere da 2, 1 camere da 3, 1 camere da 4

Per continuare premi S o s, altrimenti premi un altro tasto
Scelta:
```

Impostando il dimensionamento dei vettori CAMERE e POSTI tramite costante MAX 100 crea, per l'albergo VITTORIA, un programma con un minimo di grafica iniziale che chieda l'inserimento del numero:

a) di camere che ha l'albergo controllando con do-while che sia valido se nc va da 1 a MAX

b) identificativo della camera, col for e il vettore CAMERE[i]

c) di posti letto (da 1 a 4) della camera, col for e il vettore POSTI[i]

e che poi sia in grado di visualizzare:

1) la capienza totale dell'albergo (quante persone in tutto può ospitare), col for

2) il numero di camere da 1, da 2, da 3 e da 4 posti letto, col for, lo switch-case e un vettore di 4 elementi NUMCAMERE[]= {0,0,0,0}

Alla fine l'utente può premere S o s per ripetere il programma, in tal caso pulire lo schermo

```
#include<iostream>
```

```
#define MAX 100 //Dimensiono vettori CAMERE e
POSTI tramite costante
using namespace std;
int main(){
    int nc,i,capienza=0;
    //nc numero delle camere che ha l'albergo
    //i per for
    //capienza per calcolare la capienza
    int
camere[MAX],posti[MAX],numcamere[]={0,0,0,0};
    //acquisizione dati
    //lunghezza vettori
    char s;
    do {
    system("CLS");//pulisco lo schermo
    cout<<"ALBERGO VITTORIA\n";
    cout<<"----------------\n";
    do{ //Ciclo do-while valido se nc va da 1 a
MAX
        cout<<"Inserire il numero di camere che ha
l'albergo: ";
        cin>>nc;
    }while(nc < 1 || nc >= MAX);
    //camere
    cout<<"\n";
    for(i=0;i<nc;i++){
        cout<<"Inserire il numero identificativo
della camera numero "<<i+1<<": "; //i+1 serve
altrimenti %d vale 0
        cin>>camere[i];
    }
    //posti letto
    printf("\n");
    for(i=0;i<nc;i++){
        cout<<"Inserire il numero di posti letto
(da 1 a 4) della camera "<<camere[i]<<": ";
        cin>>posti[i];
```

```
    }
    //capienza
    for(i=0;i<nc;i++){
        capienza += posti[i];
    cout<<"\nL'albergo puo' ospitare
"<<capienza<<" persone"<<endl;}
    //tipologia camera
    for(i=0;i<nc;i++)
        switch(posti[i]){
            case 1:
                numcamere[0]++;
                break;
            case 2:
                numcamere[1]++;
                break;
            case 3:
                numcamere[2]++;
                break;
            case 4:
                numcamere[3]++;
        }
    cout<<"\nCi sono "<<numcamere[0]<<" camere da
1, "<<numcamere[1]<<" camere da 2,
"<<numcamere[2]<<" camere da 3, "<<numcamere[3]<<"
camere da 4"<<endl;
            cout<<"\nPer continuare premi S o s,
altrimenti premi un altro tasto \nScelta: ";
                cin>>s; //Nota lo spazio prima di %c
                } while(s=='s' || s=='S');
    return 0;
}
```

C Dati due array di interi:
- Dì quale ha valore medio più alto
- Calcola l'array concatenato tra i due array in ingresso
- Trova i numeri primi inseriti

- Trova massimo e minimo tra i valori inseriti
- Dì in quale array sono presenti massimo e minimo
- Calcola l'array riversato

```c
#include <stdio.h>
#define DIM 5
#define DIM2 10
int main()
{
    int i,j;
    int a[DIM];
    int b[DIM];
    int ab[DIM2];
    int ab_r[DIM2];
    float medio_a, medio_b;
    float somma = 0;
    bool primo = 1;              //booleana

    // LETTURA VALORI
    // Leggo l'array A
    for (i = 0; i < DIM; i++){
        printf("\nInserisci i valore %d per
l'array a: ", i);
        scanf("%d",&a[i]);
    }
    // Stampo l'array A
    printf("\narray a = ");
    for (i = 0; i < DIM; i++)
        printf("%d ", a[i]);
    // Leggo l'array B
    for (i = 0; i < DIM; i++){
        printf("\nInserisci i valore %d per
l'array b: ", i);
        scanf("%d",&b[i]);
    }
    // Stampo l'array B
    printf("\narray b = ");
```

```
for (i = 0; i < DIM; i++)
    printf("%d ", b[i]);
// VALORE MEDIO
// Calcolo valor medio si A
for (i = 0; i < DIM; i++){
    somma += a[i];
}
medio_a = somma / DIM;
// Calcolo valor medio si B
somma = 0;
for (i = 0; i < DIM; i++){
    somma += b[i];
}
medio_b = somma / DIM;

if(medio_a == medio_b)
    printf("L'array a e l'array b hanno lo
stesso valor medio.\n");
    else if (medio_a > medio_b)
    printf("L'array a ha valor medio piu'
alto dell'array b.\n");
    else if (medio_a < medio_b)
    printf("L'array b ha valor medio piu'
alto dell'array a.\n");
// CONCATENAZIONE
for (i=0; i < DIM; i++)
    ab[i] = a[i];
for (i=0; i < DIM; i++)
    ab[i+DIM] = b[i];
// Stampo l'array AB
printf("\narray a.b = ");
for (i = 0; i < DIM2; i++){
    printf("%d ", ab[i]);
}
printf("\n");
// NUMERI PRIMI
printf("I numeri primi inseriti sono: ");
```

```
    for (i = 0; i < DIM2; i++){
        for (j = 2; j < ab[i]; j++)
            if ((ab[i] % j) == 0 ){
                primo = 0;
                break;
            }
        if (primo)
            printf("%d ", ab[i]);
    }
    printf("\n");
    // MAX e MIN
    int max = 0;
    int min = 2147483647;    //2^(n-1) - 1 :::::
CPL2 max value
    //n = 32 poiché int è rappresentato con 32
bit
    for (i = 0; i < DIM2; i++){
        if (ab[i] > max)
            max = ab[i];
        if (ab[i] < min)
            min = ab[i];
    }
    printf("MIN = %d\n", min);
    printf("MAX = %d\n", max);
    // TROVARE MAX e MIN
    bool max_in_array_a = 0;
    bool min_in_array_a = 0;
    for (i = 0; i < DIM; i++){
        if (a[i] == max)
            max_in_array_a = 1;

        if(a[i] == min)
            min_in_array_a = 1;
    }
    printf("\n");
    if (max_in_array_a)
```

```
            printf("Il valore massimo %d e'
nell'array a", max);
        else
            printf("Il valore massimo %d e'
nell'array b", max);
        printf("\n");
        if (min_in_array_a)
            printf("Il valore minimo %d e'
nell'array a", min);
        else
            printf("Il valore minimo %d e'
nell'array b", min);
        printf("\n");
        // ARRAY RIVERSATO
        for (i = 0; i < DIM2; i++)
            ab_r[DIM2 - i - 1] = ab[i];
        printf("\narray (a.b)_r = ");
        for (i = 0; i < DIM2; i++){
            printf("%d ", ab_r[i]);
        }
        printf("\n\n");
}
```

C Leggi tutti i valori del vettore e stampali

```
#include<stdio.h>
#include<stdlib.h>
main() {
int miovettore[10];
int i;
for (i=0; i<10; i++) { // Per i volte... (10
volte, da 0 a 9)
printf ("Inserisci l'elemento n.%d del vettore di
10 elementi: ",i); // Elemento n.i
scanf("%d",& miovettore[i]); // Leggo un valore
int dalla tastiera e lo memorizzo nell'elemento
numero i del vettore
```

```
}
printf
("*********************************\nSTAMPA\n");
for (i=0; i<10; i++) // Non in {} altrimenti
stampa solo il primo
printf ("Nell'elemento n.%d del vettore hai
inserito: %d\n",i, miovettore[i]); // Stampo tutti
i valori contenuti nel vettore
system("pause");
return 0;
}
```

C++ Leggi tutti i valori del vettore e stampali

```
#include<stdlib.h>
#include<iostream>
using namespace std;
main() {
int miovettore[10];
int i;
for (i=0; i<10; i++) { // Per i volte...
cout<<"Inserisci l'elemento n."<<i;cout<<" del
vettore di 10 elementi: "; // Elemento n.i
cin>>miovettore[i]; // Leggo un valore int dalla
tastiera e lo memorizzo nell'elemento numero i
dell'array.
}
cout<<"*********************************\nSTAMPA\
n";
for (i=0; i<10; i++) // Non in {} altrimenti
stampa solo il primo
cout<<"Nell'elemento n.: "<<i<<" hai inserito
"<<miovettore[i]<<endl; // Stampo tutti i valori
contenuti nell'array
system("pause");
return 0;
}
```

C++ Date le assenze di uno studente nei primi 6 mesi dell'anno, determina il mese in cui se ne sono verificate di più. Se ci sono doppioni non preoccuparti, il programma ne metterà uno, l'ultimo. Fai un controllo con while per far sì che l'utente inserisca valori tra 1 e 23

```
#include <iostream>
#include <stdlib.h>
using namespace std;
int main() {
int max=0, mesemax, mese[6],i;
//max memorizza il numero massimo di giorni di
assenza
//mesemax memorizza il mese in cui c'è stato il
numero massimo di assenze
//mese[6] è il vettore con i mesi
//Lettura dei giorni di assenza
for (i=0; i<6; i++) {
    cout<<"numero assenze del mese "<<i+1<<": ";
//+1 per farlo partire dal mese 1 anziché 0
    cin>>mese[i];
    while(mese[i]<0 || mese[i]>23) {
        cout<<"Errore! Inserisci un numero da 1
a 23\n";
        cout<<"Reinserisci il numero di assenze:
";
        cin>>mese[i];
    }
    if (mese[i]>=max) { //se un certo mese del
vettore è>= al numero massimo di giorni d'assenza
        max=mese[i];    //assegna la variabile
max al vettore di quel mese
        mesemax=i;      //e quindi assegna alla
variabile mesemax il mese specifico
    }
}
```

```
cout<<"\nL'alunno ha avuto piu' assenze nel mese
"<<mesemax+1<<" quando ne ha fatte: "<<max<<endl;
system("pause");
return 0;
}
```

C Inserisci in un vettore 10 float positivi e negativi e calcola la loro somma, valore massimo, valore minimo, media e quanti numeri sono maggiori della media

```
#include <stdio.h>
#include<stdlib.h>
int i,numeri,k; //i per il for, numeri per
inserire i 10 numeri, k per contare i numeri >
media
float vettore[11],somma,media,min,max;
int main(){
numeri=10; //Carico il vettore
for(i=1;i<=numeri;i++){
printf("L'elemento %d del vettore e' pari a: ",i);
scanf("%f",&vettore[i]);
}
somma=0; //Calcolo la somma
for(i=1;i<=numeri;i++){
somma=somma+vettore[i];
}
min=vettore[1]; //Calcolo il minimo e il massimo
max=vettore[1];
for(i=2;i<=numeri;i++){
if (vettore[i]<min){
min=vettore[i];}
if (vettore[i]>max){
max=vettore[i];}
}
media=somma/numeri; //Calcolo la media
k=0; //Calcolo quanti elementi sono più grandi
della media
```

```
for(i=1;i<=numeri;i++){
if(vettore[i]>media) { //se i numeri inseriti nel
vettore sono > della media...
k++;} //...contali
}
printf("\n\n\n La somma dei %d numeri e': %.2f
",numeri,somma);
printf("\n Il minimo e': %.2f ",min);
printf("\n Il massimo e': %.2f ",max);
printf("\n La media e': %.2f ",media);
printf("\n I numeri maggiori della media sono:
%d",k);
printf("\n\n");
system("pause");
}
```

C++ Inserisci in un vettore N numeri interi da 0 a 200.
Visualizza un grafico a barre formato da tanti asterischi quant'è
il valore del numero inserito.
Ad esempio, dato il vettore 9 4 il programma deve visualizzare:
Elemento 1: 9 *********
Elemento 2: 4 ****

```
#include<iostream>
#include<stdio.h>
#include <stdlib.h>
using namespace std;
int main() {
const int MAXN = 200 ; //dimensionamento massimo
vettore VET tramite costante
int N ; //interi che occuperanno il vettore
int vet[MAXN] ; //sequenza di numeri interi
int i, j ; //indici dei cicli
//LEGGI LE DIMENSIONI DEL VETTORE
do { //do-while per inserire gli interi nel
vettore con un controllo if affinché N sia
compreso tra 0 e 200
```

```
cout<<"Quanti numeri saranno inseriti? (max 200)
";
cin>>N;
//LA DIMENSIONE MASSIMA DEL VETTORE E' COMPRESA
TRA 1 E MAXN
if ( N > MAXN || N <=0 )
cout<<"Errore: il numero deve essere compreso tra
0 e "<<MAXN<<endl;
}
while ( N > MAXN || N <=0 ) ;
//LEGGI UNA SEQUENZA DI N NUMERI INTERI,
MEMORIZZANDOLI IN UN VETTORE
cout<<"Inserisci la sequenza di "<<N<<" numeri\n";
for ( i=0; i<N; i++ )
{
cout<<"Elemento "<<i+1<<": ";
cin>>vet[i];
}
cout<<"\n";
//STAMPA IL VETTORE DI INTERI
cout<<"La sequenza inserita e' la seguente\n";
for ( i=0; i<N; i++ )
cout<<"Elemento "<<i+1<<": "<<vet[i]<<endl;
cout<<"\n";
//STAMPA LE BARRE
cout<<"Stampa degli istogrammi\n";
for ( i=0; i<N; i++ )
{
//STAMPA IL NUMERO IN POSIZIONE "i" NEL VETTORE
"vet" (OSSIA vet[i])
cout<<"Elemento "<<i+1<<": "<<vet[i];
//STAMPA LE BARRE PER IL NUMERO "vet[i]", OSSIA
STAMPA UN NUMERO DI "*" UGUALE A vet[i]
for ( j=0; j < vet[i]; j++ )
cout<<"*";
cout<<"\n";
}
```

```
system ("pause");
return 0;
}
```

Array Multidimensionali (matrici)

Negli array a una dimensione (cioè nei vettori) ogni elemento è definito univocamente da un solo indice, che identifica la sua posizione all'interno dell'array stesso.

Negli array bidimensionali (cioè nelle matrici, array di dimensioni superiori sono usati di rado), si specifica sia il numero di righe che di colonne al suo interno:

Ecco la dichiarazione di un array bidimensionale per una matrice di x righe e y colonne:

```
int matrice[x][y];
int matrice[2][2];  //Dichiaro una matrice di
interi 2x2
```

Si può inizializzare una matrice come un vettore elencando i valori da inserire:

```
    int a[3][4]={1,2,3,4,5,6,7,8,9,10,11,12};
```

o distinguendo i vettori che la compongono:

```
    int a[3][4]={{1,2,3,4},{5,6,7,8},{9,10,11,12}};
```

ottenendo:

1	2	3	4
5	3	7	8
9	10	11	12

quindi la prima dimensione concerne il numero di righe e la seconda il numero di colonne.

Il numero degli elementi di una matrice è pari al prodotto del numero delle righe per il numero delle colonne.

Per far riferimento a un elemento della matrice si specifica il numero di riga e di colonna, per esempio l'elemento con valore 7 appartiene alla riga 1 colonna 2:

```
    a[1][2]
```

L'inizializzazione della matrice poteva anche essere fatta così:

```
a[0][0]=1; a[0][1]=2; a[0][2]=3; a[0][3]=4;
```

```
a[1][0]=5;  a[1][1]=6;  a[1][2]=7;  a[1][3]=8;
a[2][0]=9;  a[2][1]=10;  a[2][2]=11;  a[2][3]=12;
```

Lettura e scrittura vengono effettuate in modo simile ai vettori, ma con due indici e quindi 2 cicli, in modo da gestire sia il numero di righe che di colonne, quindi per visualizzare una matrice su video occorre un doppio ciclo for, ad esempio per una matrice 3 x 4:

```
for (int i=0; i<3; i++)
  {for (int j=0; j<4; j++) cout << a[i][j] << '\t';
   cout << endl;
   }
```

Per inserire i dati in una matrice da tastiera:

```
cout << "inserisci la matrice una riga per volta
separando i numeri con spazi << endl;
for (int i=0; i<n; i++) {
   cout << "Riga " << i<< '\t';
   for (int j=0; j<m; j++) cin >> a[i][j] ;
      }
```

Si possono creare anche matrici a più dimensioni, ad esempio per memorizzare le temperature per ora giorno, mese:

```
float temp[12][31][24];
```

C Leggi una matrice quadrata di dimensioni specificate dall'utente (al massimo 10 righe e 10 colonne) e calcola la somma dei valori sulla diagonale principale, sopra la diagonale principale e anche sotto

```
#include <stdio.h>
#include <string.h>
#define MAXDIM 10
int main(){
int matrice[MAXDIM][MAXDIM];
int sup = 0, inf = 0, diag = 0;
int dim, i, j;
printf("Inserisci il numero di righe della matrice
(massimo 10)\n");
scanf("%d", &dim);
for(i=0; i<dim; i++){
```

```
for(j=0; j<dim; j++){
printf("Inserisci un numero all'interno della
matrice\n");
scanf("%d", &matrice[i][j]);
if(i==j)
diag = diag + matrice[i][j];
else if (i < j)
sup = sup + matrice[i][j];
else
inf = inf + matrice[i][j];
}
}
printf("La somma delle diagonale e': %d\n", diag);
printf("La somma della parte superiore alla
diagonale e': %d\n", sup);
printf("La somma della parte inferiore alla
diagonale e': %d\n", inf);
//system("pause");
return 0;
}
```

C Crea una matrice con 4 righe 5 colonne e valori dati dall'utente.
Stampala a video e somma i valori per ogni riga e colonna

```
#include <stdio.h>
#include <stdlib.h>
int main(int argc, char *argv[]){
int mat[4][5];
int righe[4];
int colonne[5];
int i, j;
for(i=0; i<4; i++)
righe[i] = 0;
for(j=0; j<5; j++)
colonne[j] = 0;
for(i=0; i<4; i++){
for(j=0; j<5; j++){
```

```
printf("Inserisci un numero intero\n");
scanf("%d", &mat[i][j]);
}
}
//Stampo la matrice e calcolo le somme di righe e
colonne
for(i=0; i<4; i++){
for(j=0; j<5; j++){
printf("%d ", mat[i][j]);
righe[i] = righe[i] + mat[i][j];
colonne[j] = colonne[j] + mat[i][j];
}
printf("\n");
}
//Stampo le somme delle righe
for(i=0; i<4; i++){
printf("Somma riga %d = %d\n", i+1, righe[i]);
}
//Stampo le somme delle colonne
for(j=0; j<5; j++){
printf("Somma colonna %d = %d\n", j+1,
colonne[j]);
}
system("pause");
return 0;
}
```

C++ Carica due matrici n x n, calcola il prodotto righe per colonne e visualizza la matrice risultato

Scritti i sottoprogrammi per leggere la matrice (*leggi*), visualizzarla (*scrivi*) e farne il prodotto (*prodotto*), richiama il sottoprogramma *leggi* due volte per leggere le due matrici, richiama *prodotto* e quindi *scrivi* per visualizzare la matrice prodotto.

```
#include <iostream>
#include <stdlib.h>
```

```
using namespace std;
/* n = dimensione delle matrici
   mat1[][] = prima matrice
   mat2[][] = seconda matrice
   ris[][] =  matrice prodotto
*/
void leggi(float a[][10], int n){
   cout << "Inserisci la matrice una riga per volta
separando i numeri con spazi" << endl;
   for (int i=0; i<n; i++) {
      cout << "Riga " << i<< '\t';
      for (int j=0; j<n; j++) cin >> a[i][j] ;
   }
}
void scrivi(float a[][10], int n) {
      for (int i=0; i<n; i++)
        {for (int j=0; j<n; j++) cout << a[i][j] <<
'\t';
         cout << endl; }
}
void prodotto(float a[][10], float b[][10], float
c[][10], int n){
//Calcolo il prodotto righe per colonne
   int i,j,k; float s;
   for (i=0; i<n; i++)
     for (j=0; j<n; j++) {
        s=0;
        for (k=0; k<n; k++) s+= a[i][k]* b[k][j];
        c[i][j]=s;
     }
}
int main(){
 int n=20;
 float mat1[10][10], mat2[10][10], ris[10][10];
 while (n>10) {
    cout << "Inserisci la dimensione delle matrici
(max 10): "; cin >> n;
```

```
}
 cout << endl <<"Inserisci la prima matrice." <<
endl; leggi(mat1,n);
 cout << endl <<"Inserisci la seconda matrice." <<
endl; leggi(mat2,n);
 prodotto(mat1, mat2, ris, n);
 cout << endl << "La matrice prodotto e':" <<
endl; scrivi(ris,n);
 system("pause");
}
```

C Caricare e stampare una matrice (array bidimensionale) M di
numeri interi con 2 righe e 3 colonne, con dichiarazione di
variabile globale anziché locale

```
#include<stdio.h>
#include<stdlib.h>
#define nr 2 //dimensionamento righe tramite
costante
#define nc 3 //dimensionamento colonne tramite
costante
int i,j,m[nr][nc]; //i, j contatori m[nr][nc]
matrice di 2 righe e 3 colonne
int main(){
printf("Carico la matrice con un doppio ciclo\n");
for(i=1;i<=nr;i++){
  for (j=1;j<=nc;j++){
    printf("\nInserisci l'elemento numerico
M[%d,%d]: ",i,j);
    scanf("%d",&m[i][j]);
                }
    }
printf("\n\nStampo la matrice di %d righe e %d
colonne\n",nr,nc);
for(i=1;i<=nr;i++){
  for (j=1;j<=nc;j++){
```

```
    printf("%d",m[i][j]); //%5d stabilisce un campo
di 5 spazi per ogni numero, in maniera da stampare
i numeri con una formattazione particolare
                    }
    printf("\n"); //manda a capo per avere la
seconda riga della matrice
                }
//printf("\n\n"); per staccare la frase "Premi un
tasto per continuare..."
system("pause");
return 0;
        }
```

C++ Dichiara una variabile globale anziché locale. Carica una matrice di numeri float con 4r e 2c e stampa quanti elementi della matrice sono >=0 e quanti <0. Fai l'esempio inserendo quindi 8 numeri, dei quali alcuni negativi

```
#include<stdlib.h>
#include<iostream>
#define nr 4
#define nc 2
using namespace std;
int i,j,n1,n2; //n1, n2 sono le variabili per
contare i positivi e i negativi
float a[nr][nc];
int main(){
for(i=1;i<=nr;i++){ //carico la matrice
  for (j=1;j<=nc;j++){
    cout<<"\nInserisci l'elemento a "<<i<<";
"<<j<<": "; //printf("\nInserisci l'elemento
a[%d,%d]: ",i,j);
    cin>>a[i][j]; //scanf("%f",&a[i][j]);
    if (a[i][j]>=0){
      n1++;}
        else {
            n2++;}
```

```
        }
}
cout<<"\n\nGli elementi della matrice>=0 sono:
"<<n1; //printf("\n\nGli elementi della matrice>=0
sono: %d",n1);
cout<<"\n\nGli elementi della matrice<0 sono:
"<<n2; //printf("\n\nGli elementi della matrice <0
sono: %d",n2);
cout<<"\n\n"; //printf("\n\n");
system("pause");
return 0;
}
```

Strutture

Per creare uno spazio in memoria contenente più dati di tipo diverso, non possiamo usare i vettori (che invece usano dati dello stesso tipo) ma le strutture ovvero un tipo di dati detto **struct**. Ad esempio per creare una struttura per un prodotto in magazzino:

```
struct TipoProdotto {
        char ID[10];
        char desc[50];
        double prezzo;
        float quant;
        float sconto;
    double costo;
};
```

Per usare la struttura vanno dichiarate le variabili:

```
TipoProdotto prod1, prod2;
```

Le variabili prod1 e prod2 possono contenere i campi: *ID, desc, prezzo, quant, sconto, costo*. Come per i vettori ogni campo è una variabile indipendente e i campi sono posizionati in memoria consecutivamente, ognuno in un proprio spazio.

Per riferirsi a un campo si usa il nome della variabile seguita da un punto e dal nome del campo, ad esempio per inserire da tastiera la descrizione di *prod1*:

```
gets(prod1.desc);
```

Uso *gets* anziché *cin* perché *desc* potrebbe contenere spazi.

Per mostrare in output il prezzo di *prod1*:

```
cout << prod1.prezzo;
```

C++ Acquisire due orari (espressi in ore e minuti separati da spazio) e calcolare la differenza in minuti fra gli stessi

```
#include <cstdlib>
#include <iostream>
using namespace std;
struct orario {int ora;int min;};
int main()
{
int dif;
orario ora1, ora2;
cout<<"Fornisci l'orario iniziale (ore spazio
minuti): ";
cin>>ora1.ora; //notare l'uso del .
cin>>ora1.min;
cout<<"Fornisci l'orario finale (ore spazio
minuti): ";
cin>>ora2.ora;
cin>>ora2.min;
dif = (ora2.ora*60+ora2.min) -
(ora1.ora*60+ora1.min);
cout<<"La differenza fra le
"<<ora1.ora<<":"<<ora1.min<<" e le
"<<ora2.ora<<":"<<ora2.min<<" e' di "<<dif<<"
minuti\n";
system("pause");
return EXIT_SUCCESS;
}
```

C++ Leggi i dati di un prodotto e stampali

```
#include <iostream>
#include <stdlib.h>
#include <stdio.h>
using namespace std;
struct TipoProdotto {
    char    ID[10];
    char    desc[50];
    double  prezzo;
    float   quant;
    float   sconto;
    double  costo;
};
void leggiprodotto(TipoProdotto &p){//passaggio
per riferimento
    cout << "Inserisci ID:\t";        gets(p.ID);
    cout << "Inserisci descrizione:\t";
gets(p.desc);
    cout << "Inserisci prezzo:\t";      cin >>
p.prezzo;
    cout << "Inserisci quantita':\t";   cin >>
p.quant;
    cout << "Inserisci sconto:\t";      cin >>
p.sconto;
    cout << "Inserisci costo:\t";       cin >>
p.costo;
  }
void visualizza(TipoProdotto p){
  cout << "Il prodotto letto è: " << endl;
  printf("%10s %25s %10s %10s %6s %6s\n",

"ID","Descrizione","Prezzo","Quantita'","Sconto","
Costo");
  printf("%10s %25s %10.2f %10.2f %6.2f %6.2f\n",
        p.ID, p.desc, p.prezzo, p.quant,
p.sconto,p.costo);
  }
```

```
int main(){
  TipoProdotto articolo;
  leggiprodotto(articolo);
  visualizza(articolo);
  system("pause");
  return 0;
}
```

C++ Crea una struttura dati_anagrafici per gestire un database di 100 persone inserendo nome, cognome, sesso, data e luogo di nascita. Estrai i dati.

```
#include <iostream>
#include <string.h>
using namespace std;
struct dati_anagrafici
{
char nome[100];
char cognome[100];
char sesso;
int anno;
int mese;
int giorno;
char luogo[100];
};
int main()
{
dati_anagrafici persone[100]; //Dichiaro un
oggetto di nome persone di tipo dati_anagrafici,
in questo caso dichiaro un vettore di 100
elementi:
int i,j;
cout<<"Fornisci i dati anagrafici da inserire
nell'archivio\n";
cout<<"Per interrompere l'inserimento, premere
INVIO prima di inserire il NOME\n";
for (i=0;i<100;i++)
{
```

```
cout<<"\nDati persona numero "<<i+1<<"\n";
cout<<"Nome: ";
cin.getline(persone[i].nome,100); //cin.getline
acquisisce anche gli spazi vuoti eventualmente
presenti nella stringa
//sintassi: cin.getline(vettore_di_char,
massimo_numero_di_char);
if (!strcmp(persone[i].nome, "")) //La funzione
strcmp() effettua il confronto fra le due stringhe
s1 e s2. Termina il ciclo quando viene fornita una
stringa vuota, cioè quando l'utente preme invio
senza digitare nulla
break;
cout<<"Cognome: ";
cin.getline(persone[i].cognome,100);
cout<<"Sesso (m/f): ";
cin>>persone[i].sesso;
cout<<"Giorno (spazio) Mese (spazio) Anno di
nascita (2 o 4 cifre): ";
cin>>persone[i].giorno;
cin>>persone[i].mese;
cin>>persone[i].anno;
cin.ignore(); //L'istruzione cin.ignore() è utile
quando si vuole acquisire una stringa dopo aver
acquisito una variabile numerica e serve per
eliminare il carattere di andata a capo che
altrimenti verrebbe acquisito nella stringa
Provalo se serve
cout<<"Luogo di nascita: ";
cin.getline(persone[i].luogo,100); //Posso mettere
un numero diverso da 100?
}
cout<<"Inserire il numero della persona di cui si
vogliono visualizzare i dati "<<endl;
cout<<"Hai inserito "<<i<<" persone"<<endl;
cout<<"Inserisci l'ID della persona da estrarre:
";
```

```
cin>>j;
j=j-1;
cout<<"\nRIEPILOGO DATI:\n";
cout<<persone[j].nome<<" "<<persone[j].cognome<<"
";
cout<<"nat";
if (persone[j].sesso=='m') //l'if serve per
aggiungere una 'a' oppure una 'o' dopo 'nat' a
seconda del sesso ('m' o 'f') della persona
cout<<"o";
else
cout<<"a";
cout<<" a "<<persone[j].luogo;
cout<<" il
"<<persone[j].giorno<<"/"<<persone[j].mese<<"/"<<p
ersone[j].anno<<"\n";
system("pause");
}
```

C Inserisci titolo del film, nome del regista e anno di uscita.
Ricerca in base al nome del regista

```
#include<stdio.h>
#include <string.h>
#define MAX 50
typedef struct { //typedef serve per film
     char nome[MAX];
     char regista[MAX];
     unsigned int anno;
     }film;
int main(){
     film videoteca[MAX];
     int comando, numFilm=0, eq, trovato,i;
     char registaTemp[MAX];
     unsigned int annoTemp;
     do{
          printf("\nLista comandi:\n");
```

```c
        printf("\t1. Inserisci film\n");
        printf("\t2. Cerca film piu' recente del
regista che ti piace\n");
        printf("\t3. Esci\n");
        scanf("%d%*c",&comando);
        switch(comando){
            case 1:
                        printf("Inserisci nome
del film da memorizzare (senza spazi): ");

    scanf("%s",videoteca[numFilm].nome);
                        printf("Inserisci il
regista (senza spazi): ");

    scanf("%s",videoteca[numFilm].regista);
                        printf("Inserisci l'anno
di uscita ");

    scanf("%d%*c",&videoteca[numFilm].anno);
                        numFilm++;
                        break;
            case 2:
                        printf("Inserisci il
regista: ");
                        scanf("%s",registaTemp);
                        annoTemp = 0;
                        trovato = -1;
                        for(i=0;i<numFilm;i++){
                            eq =
strcmp(registaTemp, videoteca[i].regista);
                            if(eq == 0 &&
annoTemp < videoteca[i].anno){
                                trovato = i;
                                annoTemp =
videoteca[i].anno;

                            }
                        }
```

```
                                if(trovato >= 0){
                                    printf("Il film
cercato e': \n-Nome: %s\n-Regista: %s\n-Anno:
%d\n",videoteca[trovato].nome,
videoteca[trovato].regista,
videoteca[trovato].anno);
                                }
                                else{
                                    printf("Nessun film
per il regista cercato!\n");
                                }
                                break;
                    case 3: break;
                    default: printf("Comando non
valido\n");
                }
        }
    while(comando != 3);
    return 0;
}
```

Union

Le union si definiscono come le strutture ma usando la parola chiave **union** anziché *struct*. Differentemente dalle *struct* i campi delle **union condividono lo stesso spazio di memoria,** quindi modificando un campo anche gli altri si modificheranno.

C++ Crea una rappresentazione binaria di una variabile long

```
#include <iostream>
#include <stdlib.h>
using namespace std;
int main()
{
//vc.x =variabile da rappresentare in binario
```

```
const unsigned char msk1=0x80; //È il numero
binario 10000000
//Viene assegnato lo stesso spazio alla variabile
x e al vettore lt
union cond
{long double x;
 char lt[12];};
 cond vc;
unsigned char mask; int sz,i,j;
cout << "Inserisci il valore long di cui vedere la
rappresentazione in binario: ";
cin >> vc.x;
cout << "Rappresentazione interna = \n";
sz = sizeof(vc.x);
for (i=0; i<sz; i++) //Controlla un byte per volta
   {mask=msk1;
    for (j=0; j<8; j++) //Controlla un bit per
volta e lo stampa
       {if (vc.lt[i] & mask) cout << "1"; else
cout << "0";
        mask = mask >> 1; }
    cout << ' '; }
system("pause");
return 0; }
```

Per visualizzare una variabile *int* sostituire la riga *long double x;* con *int x;*

Puntatori

Le variabili di tipo puntatore (o puntatori) consentono di lavorare a basso livello (cioè agendo su singole istruzioni della CPU). I puntatori sono tipati: avremo puntatori a int, puntatori a char, ecc.

La memoria del calcolatore in cui possono risiedere le variabili è suddivisa in **stack** e **heap**. Lo stack immagazzina tutte le variabili viste finora. Ad esempio nel caso **int x = 0;**
il computer riserverà due byte di memoria dello stack per x. Senza entrare nei meccanismi specifici si sappia che manipolando grosse

quantità di dati lo stack potrebbe riempirsi e tentando di allocare ulteriore memoria verificarsi il cosiddetto stack overflow.

Per consentire al programmatore l'uso intelligente della memoria diventa utile la memoria heap, una memoria dinamica data la possibilità di allocare e deallocare memoria a proprio piacimento tramite i puntatori.

La variabile puntatore contiene l'indirizzo di memoria di un'altra variabile. Dichiarando una variabile, a questa verrà riservato un indirizzo di memoria, ad esempio la posizione 10, un puntatore contiene l'indirizzo di tale variabile (il valore 10).

Per definire una variabile di tipo puntatore basta mettere un asterisco (operatore di dereferenziazione) prima del nome della variabile, quindi con l'asterisco ci si riferisce al valore della variabile puntata dal puntatore.

Dichiarazione

Variabile normale **tipo identificatore; int a;**

Variabile puntatore **tipo* identificatore;**

int* pi; dichiarazione di un puntatore a intero

float * pf; dichiarazione di un puntatore a float

double *pd; dichiarazione di un puntatore a double

L'**operatore di indirezione** o **dereferenziazione** asterisco, che può stare in tutte e tre le posizioni, restituisce il contenuto dell'oggetto puntato dal puntatore.

Inizializzazione

Assegno al puntatore l'indirizzo di variabile **puntatore = &variabile;**

pi=&a; il valore di pi viene posto pari all'indirizzo di *a* ovvero *pi* punta ad *a* ovvero *a* è l'oggetto puntato da *pi*

x=&a; //Il puntatore *x* contiene l'indirizzo della variabile *a*

L'operatore **&** restituisce l'indirizzo dov'è memorizzato il valore della variabile.

C++ Sostituisci in una frase tutte le occorrenze di una parola con un'altra data in input

Usa la funzione strstr per cercare una stringa in un'altra stringa; una volta trovata trasferisci prima tutti i caratteri fino alla posizione trovata e poi la nuova parola. Ripeti fin quando non trovi più la stringa.

```cpp
#include <iostream>
#include <stdlib.h>
#include <string.h>
using namespace std;
int main()
{ //Cerca una sottostringa in una stringa (case-
sensitive)
  char s1[100] = "Ieri Ugo ha giocato, domani Ugo
studierà";
  char ris[100]="", s2[20], s3[20], *p; int i=0, k,
l;
  cout << "Inserisci la parola da cercare: ";
  cin >> s2; l=strlen(s2);
  cout << "Inserisci la parola da sostituire: ";
  cin >> s3;
  p=s1; // p è il puntatore che ci dice dove siamo
arrivati nella ricerca
  while (strstr(p,s2)!=NULL) {
    k=strstr(p,s2)-p; // k = numero di caratteri
prima della parola s2
    strncat(ris,p,k); // trasferisce nel risultato
esattamente k caratt.
    strcat(ris,s3); // trasferisce la nuova parola
    p+=k+l;
  }
  strcat(ris, p);
  cout << "il risultato e': " << endl << ris <<
endl;
  system("pause"); return 0;
}
```

C++ Inseriti cognome e nome genera i primi 6 caratteri del codice fiscale

Ad esempio Pacchiarotti Andrea deve restituire PCCNDR

```
#include <iostream>
#include <stdio.h>
#include <stdlib.h>
#include <string.h>
using namespace std;
void maiusc(char *frase) {
//Trasformo in maiuscolo
  for (int i=0; i< strlen(frase); i++)
    if (frase[i] >= 'a' && frase[i] <= 'z')
frase[i] -= 32;
}
void separa(char *parola, char *cons, char *voc) {
/*Separo le vocali dalle consonanti, salto i
caratteri non alfabetici
Tutti i caratteri devono essere maiuscoli
altrimenti vengono ignorati il risultato in cons[]
= consonanti e voc[]=vocali
*/
  for (int i=0; i<strlen(parola); i++)
    if (parola[i]=='A' || parola[i] == 'E' ||
parola[i] == 'I'
      || parola[i] == 'O' || parola[i] == 'U')
{*voc=parola[i]; voc++; }
    else
      if (parola[i] > 'A' &&  parola[i] <= 'Z')
                  {*cons = parola[i]; cons++; }
  *cons='\0'; *voc='\0'; //Chiudo le due stringhe
cons e voc
}
int main(){
 char cognome[30], nome[30], c[30], v[30],
ris[7]="";
```

```
 cout << "Inserisci il Cognome: "; gets(cognome);
maiusc(cognome);
 cout << "\n";
 cout << "Inserisci il Nome: "; gets(nome);
maiusc(nome);
 //Crea una stringa con tutte le consonanti +
tutte le vocali + "XXX" per il cognome
 separa(cognome,c,v); strcat(c,v);
strcat(c,"XXX");
 strncpy(ris,c,3); // mette in ris i tre caratteri
del cognome
//Tratto il nome
 separa(nome,c,v);
 if (strlen(c) > 3) {strncat(ris,c,1);
strncat(ris,c+2,2);}
    else {strcat(c,v); strcat(c,"XXX");
strncat(ris,c,3);}
 cout << "\nIl risultato e': "<< ris << endl;
 system("pause");
 return 0;
}
```

C Restituisci l'indirizzo di memoria dove salvi la variabile intera
digitata da tastiera

```
#include <stdio.h>
#include <windows.h> //Per system
int main() {
int a;
int *x;
x=&a;
printf ("Inserisci un valore intero: ");
//Salvo il valore immesso direttamente
nell'allocazione
//di memoria puntata da x, ovvero nella variabile
a
scanf ("%d",x);
```

```
printf ("Valore salvato all'indirizzo: %x:
%d\n",x,a);
system("pause");
return 0;
}
```

C Definisci 2 interi, b e c, valorizza b a 10, e tramite puntatore, valorizza a 10 anche c. Fai uscire una stampa con b e c =10

```
#include <stdio.h>
#include <stdlib.h>
int main()
{
 int b,c; //definisco 2 interi
 int *a; //definisco a come puntatore a intero
 b=10; //assegno a b il valore 10
 a=&b; //assegno ad a l'indirizzo di memoria di b
 c=*a; //assegno a c il valore contenuto
all'indirizzo di memoria specificato
 //da a, quindi siccome a contiene l'indirizzo in
memoria di b, c sarà uguale a b
 //printf("a = %d\n",a);
 printf("b = %d\n",b);
 printf("c = %d\n",c);
 system("pause");
 return 0;
}
```

C++ Realizza una lista di interi inseriti da tastiera, l'inserimento deve proseguire fin tanto che non viene inserito il numero 0, poi la lista viene stampata.

```
#include<iostream>
using namespace std;
int main(){
int i=0;//indice
int *p;
```

```
p=new int;// //inizializzo e chiedo memoria al
sistema
    cout<<"Inserisci dei numeri (0 e invio per
stampare) :"<<endl<<endl;
do{//caricamento
    cin>>p[i];
    i++;
}while(p[i-1]); // vado avanti finché non viene
inserito 0
i=0;
do{//stampa
    cout<<p[i]<<" ";
    i++;
}while(p[i]);
cout<<"\n";
system("pause");
return 0;
}
```

Puntatori e Array

Dichiaro un array alfa e un puntatore p:

```
// definisco un array e una variabile intera
int alfa[20], x;
// creo il puntatore;
int *p;
// puntatore all'indirizzo di a[0]
p = & a[0];
// x prende il valore di p, cioè di a[0];
x = *p;
```

Per scorrere alla posizione i-ma dell'array, incremento il puntatore di i; cioè

p + i "è equivalente a" a[i]

Stringhe

Abbiamo già incontrato qualche comando che gestisce le stringhe, ora vedremo meglio cos'è la gestione delle stringhe. Ogni oggetto che viene stampato sullo schermo è una stringa: Un nome, una frase, una qualsiasi sequenza di caratteri. I messaggi che abbiamo scritto finora printf e scanf sono stringhe. C/C++ per memorizzare le stringhe usano i vettori di char (non è così per tutti i linguaggi di programmazione).

Una stringa, per C/C++, è sempre una serie di caratteri seguita dal carattere speciale '\0' (codice ASCII 0), anche le stringhe costanti, cioè quelle racchiuse tra virgolette. Quindi le due istruzioni seguenti con cui si dichiara e inizializza una stringa sono equivalenti:

```
char mag[10]= "sega" ;
char mag[10] = {'s', 'e', 'g', 'a', '\0'} ;
```

Dichiarazione di una stringa

```
char stringa[] = { 'C','i','a','o','\0'};
```

La dichiarazione vista sopra non è comodissima, ragion per cui C consente di dichiarare le stringhe così:

```
char stringa [] = "Ciao";
```

oppure sfruttando i puntatori:

```
char * stringa = "Ciao";
```

Posso dichiarare delle stringhe senza inizializzarle, specificando nome e dimensione:

```
char stringa [4]; // Stringa che può contenere 4
caratteri
```

Leggere una stringa

Ricorro alla funzione scanf, passando come stringa di formato '%s':

```
char stringa[4];
...
printf ("Inserisci una stringa: ");
scanf ("%s",stringa);
```

Non necessita '&stringa' nella scanf (e quindi la &).
Attenzione: l'uso della scanf per la lettura delle stringhe è
potenzialmente dannoso per la stabilità e la sicurezza di un
programma. Successivamente cambieremo funzione.

Le funzioni per le stringhe vogliono l'header:
```
#include <string.h>
```

Vediamo alcune funzioni:
```
strcpy(<stringa1>,<stringa2>)
```
Copia la `stringa2` nella `stringa1`. Esempi:

```
strcpy(nome,"Andrea"); //assegna Andrea al vettore
di char nome
strcpy(nome1,nome2); //copia il contenuto di nome2
in nome1
```

```
strncpy(<stringa1>,<stringa2>,<num>)
```
Come `strcpy` ma trasferisce rigorosamente <num> caratteri.
Se `stringa2` è più lunga di <num> caratteri trasferisce solo i primi
<num> senza il carattere di terminazione, se è più corta passa
<num> caratteri associando più volte il carattere di terminazione

```
strlen(<stringa>)
```
Restituisce il numero di caratteri della stringa escluso quello di
terminazione ('\0').
Una stringa può avere anche lunghezza 0 se il primo carattere è
quello di terminazione, in tal caso la stringa è vuota.
```
int a; char frase[20]= "Ciao"; a=strlen(frase);
//a=4
```

```
strcat(<stringa1>, <stringa2>)
```

Concatena le stringhe. Aggiunge a `string a1` la `string a2`. Funziona come `strcpy` ma `string a2` viene copiata alla fine di `string a1` invece che all'inizio.

```
Char nome1[30]="Anna", nome2[30] = "Maria";
strcat(nome1,nome2); //In nome1 ci sarà
"AnnaMaria"
```

`strncat(<string a1>,<string a2>,<num>)`
Come `strcat` ma vengono aggiunti non più di <num> caratteri a `string a1`. A differenza di `strncpy` viene sempre aggiunto alla fine il carattere di terminazione per cui il numero di caratteri aggiunti è <num> +1.

```
Char s1[30]="Anna", s2[30] = "Mariagiovanna";
strncat(s1,s2,5); // a questo punto in s1 ci sarà
"AnnaMaria"
```

`strcmp(<string a1>, <string a2>)`
Confronta alfabeticamente due stringhe, è *case sensitive* (ogni maiuscola è minore di una minuscola: ad esempio "Gianni" < "anna"). Il risultato è un numero intero:

- = 0 se le due stringhe sono uguali
- < di 0 se la prima stringa è minore secondo l'ordine alfabetico (per esempio "Gino" < "Mario")
- di 0 se la prima stringa è maggiore della seconda (per esempio "Carlo" > "Anna")

`strcasecmp` è identica a *strcmp* ma ignora le differenze tra maiuscole e minuscole.

`strstr(<string a1>,<string a2>)`

Cerca `stringa2` all'interno di `stringa1` e, se la trova, restituisce un puntatore che indica la posizione in memoria dove è stata trovata altrimenti restituisce NULL che è il puntatore vuoto. È *case sensitive*, se non si vuole tale, usare `strcasestr`.

Per cercare caratteri invece di sottostringhe utilizzare `strchr`.

C Leggi due stringhe (di lunghezza massima 100) e verifica se sono uguali, se sono diverse concatenale in ordine alfabetico

```c
#include <stdio.h>
#include <string.h>
#define MAXLEN 100
int main(){
char s1[MAXLEN], s2[MAXLEN];
printf("Inserisci la prima stringa\n");
scanf("%s", s1);
printf("Inserisci la seconda stringa\n");
scanf("%s", s2);
if(strcmp(s1,s2) == 0){
printf("Le stringhe sono uguali\n");
}else if(strcmp(s1,s2)>0){
strcat(s2,s1);
printf("La stringa concatenata e' %s\n", s2);
}else{
strcat(s1,s2);
printf("La stringa concatenata e' %s\n", s1);
}
return 0;
}
```

C Stampa a video il numero di caratteri che costituiscono la stringa ricevuta in ingresso

```c
#include<stdio.h>
#include<stdlib.h>
#define MAX 100
```

```
int main(){
    //dichiarazioni
    int i=0;
    char frase[MAX];
    //acquisizione dati
    printf("Inserire una frase di massimo 100
caratteri e dare invio: ");
    //scanf("%s",frase); //in una frase legge solo
fino allo spazio
    //gets(frase); // La funzione gets() legge una
linea dallo stdin fino al carattere di new-line
'\n' o di EOF (end of file).
    //Questi caratteri sono sostituiti con '\0'.
Non viene eseguito nessun controllo sulla
dimensione di s, pertanto se la linea da leggere
supera la dimensione di s si ha un buffer overrun
con problemi di affidabilità del programma e
talvolta anche del sistema. È meglio
    //impiegare la funzione fgets().
    fgets(frase,sizeof(frase),stdin); // calcola
anche lo spazio tra le parole. Per leggere
stringhe è la migliore
    //fgets(stringadidestinazione,
numeromassimodicaratteridaleggeredainput,
descrittoredacuileggere) nel nostro caso lo
standard input, stdin
    //calcoli
    while(frase[i] != '\0') //Ogni stringa
possiede un carattere terminatore (\0) per
identificarne la fine.
    //Ogni stringa quindi, anche se non è
specificato, ha N+1 caratteri
    //char str = "Hello"; è in realtà vista dal
compilatore come 'H','e','l','l','o','\0'
    //Quindi con while sto dicendo: cicla finché
la stringa frase contiene dei caratteri, o finché
non viene raggiunta la fine della stringa".
```

```
        i++;
    //visualizzazione risultati
    printf("Lunghezza = %d\n",i);
system("pause");
return 0;
}
```

C++ Ricevi in ingresso una parola da tastiera lunga al max 30 caratteri, maiuscola o minuscola.
- visualizza la parola inserita
- calcola il numero di caratteri
- aggiorna la parola in modo che tutti i caratteri siano minuscoli
- verifica se la parola è palindroma ovvero se può essere letta indifferentemente da sinistra verso destra e da destra verso sinistra (otto, madam)

```
#include <stdlib.h>
#include <ctype.h> //per tolower che minuscolizza
(toupper maiuscolizza)
#include <string.h> //per strlen che calcola la
lunghezza di una stringa
#include<iostream> //per cout
using namespace std;
int main()
{
const int MAX = 30 ; /*dimensione massima stringa
di caratteri*/
char parola[MAX] ; /*stringa di caratteri
inserita*/ //prima c'era char parola[MAX+1];
int numcaratteri ; /*numero di caratteri della
stringa inserita*/
int palindroma ; /*se =1 è palindroma*/
int i, j ; /*indici dei cicli*/
/*LEGGI LA STRINGA DI CARATTERI INSERITA DA
TASTIERA*/
```

```
cout<<"Inserisci una parola al massimo di
"<<MAX<<" caratteri: "; //printf("Inserisci una
parola al massimo di %d caratteri: ", MAX) ;
cin>>parola; //scanf("%s", parola) ;

/*VISUALIZZA LA STRINGA DI CARATTERI INSERITA*/
cout<<"La parola inserita e': "<<parola<<"\n";
//printf("La parola inserita e': %s \n", parola) ;

/*LEGGI IL NUMERO DI CARATTERI DELLA STRINGA*/
numcaratteri = strlen(parola) ;
cout<<"La parola contiene "<<numcaratteri<<"
caratteri\n"; //printf("La parola contiene %d
caratteri\n", numcaratteri) ;

/*CONVERTI TUTTI I CARATTERI DELLA STRINGA IN
CARATTERI MINUSCOLI*/
for ( i=0; i < numcaratteri ; i++ )
parola[i] = tolower(parola[i]) ;

/*VISUALIZZA LA STRINGA DI CARATTERI DOPO LA
CONVERSIONE*/
cout<<"La parola inserita scritta in caratteri
minuscoli e': "<<parola<<"\n"; //printf("La parola
inserita scritta in caratteri minuscoli e':
%s\n",parola) ;

/*VERIFICA SE LA STRINGA "parola" È PALINDROMA*/
/*INIZIALIZZA "palindroma". Se =1 è palindroma; se
=0 no*/
palindroma = 1 ;
/*IL CICLO FOR SCANDISCE LA STRINGA "parola" PER
VERIFICARE SE È PALINDROMA
L'INDICE "i" SCORRE LA PRIMA META' DI "parola",
L'INDICE "j" LA SECONDA META'
PARTENDO DALLA FINE.*/
```

```
for ( i=0, j=numcaratteri - 1;i< numcaratteri/2 &&
palindroma==1;i++, j-- )
{
if ( parola[i] != parola[j] )
palindroma = 0 ;
}
/*STAMPA DEL RISULTATO*/
if ( palindroma == 1 )
cout<<"La parola e' palindroma\n"; //printf("La
parola e' palindroma\n") ;
else
cout<<"La parola non e' palindroma\n";
//printf("La parola non e' palindroma\n");
cout<<"\n"; //printf("\n");
system("pause");
return 0;
}
```

C++ Dato un numero di massimo tre cifre trasformalo in lettere

Per esempio se in input inserisci 12 in output devi avere "dodici".

```
#include <iostream>
#include <stdlib.h>
#include <string.h>
/*
costanti:
 par[] = tutte le parole con cui si leggono i
numeri da 0 a 19
 uni[] = la posizione della parola per i numeri da
0 a 19 nel
          vettore par[]
 par1[] = le parole per leggere le decine
 deci[] = posizione della parola per le decine nel
vettore par2[]
variabili:
 num = numero letto in input
```

```
 u = unità
 d = decine
 ris[] = stringa risultato
*/
//Dichiaro le costanti
const char
par[]="zero\0uno\0due\0tre\0quattro\0cinque\0sei\0
sette\0"

"otto\0nove\0dieci\0undici\0dodici\0tredici\0quatt
ordici\0"

"quindici\0sedici\0diciassette\0diciotto\0dicianno
ve\0";
const short int uni[] =

{0,5,9,13,17,25,32,36,42,47,52,58,65,72,80,92,101,
108,120, 129};
const char
par1[]="venti\0trenta\0quaranta\0cinquanta\0sessan
ta\0"
                    "settanta\0ottanta\0novanta\0";
const short int deci[] = {0,0,0,6,13,22, 32,
41,50,58};
using namespace std;
//Dichiaro le variabili
int main(){
  int num=-1, i, u, d; char ris[50]="",tmp[50]="";
/*Nella lettura del numero in input controllo che
sia di 3 cifre. Se sbaglio visualizzo un messaggio
di errore e richiedo il numero. */
//Leggo il numero in input
  while (num <0 || num >999) {
    cout << "Inserisci il numero: "; cin >> num;
    if  (num <0 || num >999)
        cout << "Inserire un numero tra 0 e 999" <<
endl;
```

```
    }
```

//Se il numero inserito è 0 basta copiare la prima parola del vettore delle parole par[] ("zero") nel risultato:

```
    if (num == 0) strcpy(ris,par);        /*Se num è 0
ha finito,
```

altrimenti trovo le cifre del numero: u=unità, d=decine e quello che resta in num le centinaia, per farlo basta eseguire più volte l'operazione resto della divisione per 10 (num % 10) e risultato della divisione per 10 (num /=10)*/

```
    else {
        u = num % 10; num /=10; d = num %10; num /=
10;
```

/*Dopo aver trovato le 3 cifre trasformo in parole quella delle centinaia, che è rimasta in num, copiando nel risultato una delle parole "due", "tre", ecc. a seconda del valore di num, e poi aggiungo la parola "cento"*/

```
        //Trasformo le centinaia
        if (num > 0) {
            if (num > 1) strcpy(ris,par+uni[num]);
            strcat(ris,"cento");
        }
```

/*Trasformo la cifra delle decine, se è minore di 2 ho già la parola completa perché nel vettore costante par[] ci sono tutte le parole da "uno" a "diciannove", altrimenti devo unirci la parola per le unità. Se la cifra delle unità è 1 o 8 elimino l'ultimo carattere prima di attaccare la parola delle unità, infatti numeri come 21 o 38 si leggono "ventuno" e "trentotto" e non "ventiuno" e "trentaotto". Per eliminare l'ultimo carattere inserisco il carattere di terminazione una posizione più a sinistra (ris[strlen(ris)-1]= '\0';)*/

```
        if (d+u > 0) //Trasformo le decine
```

```
        if (d <2 )
           strcat(ris,par+uni[d*10+ u]);//Trasformo
decine e unità
           else { strcat(ris,par1+deci[d]);
//Aggiungo parola per decine
              //Elido l'ultimo carattere se l'unità
è 1 o 8
              if (u == 1 || u == 8) ris[strlen(ris)-
1]= '\0';
              if (u) strcat(ris,par+uni[u]);
//Aggiungo parola per unità
           }
     }
//Scrivo il risultato
   cout << "risultato = " << ris << endl ;
   system("pause");
   return 0;
}
```

printf, scanf, puts e gets

Abbiamo visto che le istruzioni per l'input/output **cin** e **cout** di C++ si possono usare includendo il file di intestazioni <iostream>. Per le istruzioni di input/output del C, **scanf** e **printf** <stdio.h>, abbreviazione di standard input output. In C++ posso includere entrambe le librerie e usare sia le istruzioni standard del C che quelle di C++.

Ma **cin** non funziona bene per l'input delle stringhe perché il dato in input termina appena trova uno spazio. Se scrivo:

```
char frase[100];

cout << "Inserisci una frase: "; cin >> frase;
```

e inserisco "Ciao mondo", nella stringa *frase* finisce solo la parola "ciao".

Le funzioni **puts** e **gets** sono le migliori per inviare e leggere una stringa al video e dalla tastiera.

```
puts(<stringa>)
```

Invia il contenuto della stringa passata come parametro al video aggiungendo un carattere '\n'

```
fputs(<stringa>,<filestream>)
```

Come puts ma bisogna fornire come parametro oltre alla stringa anche il puntatore al flusso di output e non invia il carattere '\n'

```
gets(<stringa>)
```

Legge da tastiera un'intera riga, quindi tutti i caratteri fino all'invio, e li trasferisce nella stringa fornita come parametro senza il carattere di invio

```
fgets(<stringa>,<num>, <filestream>)
```

Legge max num-1 caratteri da un file (tutti quelli presenti dalla posizione corrente fino a fine riga, compreso il fine riga) e li trasferisce nella stringa fornita come primo parametro, alla fine viene aggiunto il carattere di terminazione '\0'. Inserisce nella stringa anche l'eventuale carattere di fine riga '\n'

```
getchar()
```

Legge il prossimo carattere dal buffer di input e restituisce un numero intero pari al codice del carattere; se non ci sono più caratteri o se c'è un errore restituisce la costante predefinita EOF (che normalmente è = -1);

```
fgetc(<filestream>)
```

Come getchar() ma richiede il puntatore al flusso di input che permette di leggere anche da un file su disco

C Trasforma una frase in maiuscolo

Leggi una frase con *gets*, esamina uno a uno i caratteri della stringa letta e, se sono minuscoli trasformali in maiuscolo sottraendo 32 che è la distanza tra un carattere maiuscolo e il corrispondente minuscolo

```
#include <stdio.h>
```

```
#include <string.h>
int main() {
char frase[100];
 puts("Inserisci una frase: "); gets(frase);
 for (int i=0; i< strlen(frase); i++)
   if (frase[i] >= 'a' && frase[i] <= 'z')
frase[i] -= 32;
 puts("\nLa frase trasformata in maiuscolo e':");
puts(frase);
 fputs("Clicca invio per continuare...",stdout);
getchar();
 return 0;
}
```

Sviluppo top-down

Un sottoprogramma è una porzione del programma principale che elabora una funzione elementare. Il principale chiama in un certo ordine i sottoprogrammi e ognuno di questi oltre che chiamato può essere il chiamante di un altro sottoprogramma.

Per non far lavorare tutti i sottoprogrammi sulle medesime variabili, inficiandone portabilità e indipendenza, i linguaggi strutturati, come abbiamo già accennato nelle prime pagine di questo manuale, distinguono le variabili in base alla visibilità (scope) dividendole in variabili:

- **globali** visibili da tutti i sottoprogrammi i quali possono utilizzarle e modificarle
- **locali** definite nel sottoprogramma e visibili solo dal sottoprogramma che le dichiara e non da eventuali altri sottoprogrammi chiamati

Sarebbe utile usare il meno possibile le variabili globali per ridurre la dipendenza dal contesto da parte del sottoprogramma.

Per elaborare dati comuni, il programma chiamante deve comunicare con il chiamato attraverso convenzioni note come **passaggio di parametri**.

Tale passaggio può avvenire per:

- **valore** se il chiamante comunica al chiamato il valore contenuto in quel momento in una sua variabile. Il chiamato predisporrà una propria variabile locale che conterrà tale valore
- **riferimento** (o per **indirizzo**) se il chiamante comunica al chiamato l'indirizzo di memoria di una determinata variabile

In pratica gli input di un sottoprogramma sono passati per valore e gli output per riferimento. Gli input servono al sottoprogramma per le elaborazioni, gli output sono il risultato della propria elaborazione da rendere disponibili ai sottoprogrammi successivi. Generalmente il passaggio dei parametri avviene per valore salvo quando si premette al nome di un parametro l'operatore unario &

il quale, posto davanti al nome di una variabile, fornisce la posizione della variabile in memoria.

Si distingue fra due tipi di sottoprogrammi:

- **funzioni:** restituiscono al programma chiamante un valore. La chiamata a una funzione produce al ritorno un valore che potrà, ad esempio, essere assegnato a una variabile
- **procedure:** non restituiscono un valore; si occupano di una fase della elaborazione

Funzioni

Le funzioni predefinite delle librerie di C e C++ sono moltissime. Altre, come quelle del file di header <iostream>, sono presenti in C++ ma non in C. Eccone alcune che presentano nell'ordine Nome, Header, Descrizione, Prototipo:

sqrt
math.h
Radice quadrata
double sqrt (double x)

pow
math.h
Elevazione a potenza
double pow (double base, double esponente)

ceil
math.h
Arrotondamento per eccesso
double ceil (double x)

floor
math.h
Arrotondamento per difetto
double floor (double x)

trunc
math.h
Elimina la parte dopo la virgola
double trunc (double x)

rint
math.h
Arrotondamento al più vicino intero
double rint (double x)

M_PI
math.h
Costante= Π (pi greco)

RAND_MAX

stdlib.h

Costante=numero massimo generato con rand

rand

stdlib.h

Genera un numero pseudocasuale nell'intervallo 0, RAND_MAX

int rand (void)

srand

stdlib.h

Imposta il numero che verrà usato per generare il prossimo
numero casuale

void srand (unsigned int num)

system

stdlib.h

Esegue un qualsiasi comando del sistema operativo o un qualsiasi
programma eseguibile

int system (const char *comando)

strcpy

string.h

Copia stringa2 in stringa1

char * strcpy (char *stringa1, const char *stringa2)

strncpy

string.h

Copia esattamente n caratteri da stringa2 in stringa1. Se stringa2 è
più corta aggiunge '\0'

char * strncpy (char *stringa1, const char *stringa2, unsigned int n)

strlen

string.h

Calcola l'effettiva lunghezza di una stringa

unsigned int strlen (const char *s)

strcat

string.h

Concatena due stringhe, stringa2 viene aggiunta a stringa1

char * strcat (char *stringa1, const char *stringa2)

strncat

string.h

Aggiunge esattamente n caratteri a stringa1

char * strncat (char *stringa1, const char *stringa2, unsigned int n)

strcmp

string.h

Confronta due stringhe

int strcmp (const char *s1, const char *s2)

strstr

string.h

Cerca stringa2 in stringa1 e se la trova restituisce un puntatore alla posizione altrimenti restituisce il puntatore NULL

char * strstr (const char *stringa1, const char *stringa2)

printf

stdio.h

Scrive in output il risultato di una serie di espressioni

int printf (const char *schema, ...)

fprintf

stdio.h

Come printf ma può essere usata per scrivere in un file su disco

int fprintf (FILE * stream, const char *schema, ...)

fopen

stdio.h

Apre il flusso ovvero crea un collegamento tra il programma e il file su disco indicato nel primo parametro

FILE * fopen (const char *filename, const char *opentype)

feof

stdio.h

Restituisce un valore diverso da zero se è stata raggiunta la fine del file int feof (FILE *stream)

scanf

stdio.h

Legge una serie di dati da un file di input e li trasferisce in una serie di variabili

int scanf (const char *schema, ...)

fscanf

stdio.h

Come scanf ma può essere usata per leggere da un file su disco

int scanf (FILE *stream, const char *schema, ...)

puts

stdio.h

Scrive una stringa nel file *stdout* (normalmente il video)

int puts (const char *s)

fputs

stdio.h

Come puts() ma invia i dati nel file specificato senza il carattere '\n'

int fputs (const char *s, FILE *stream)

gets

stdio.h

Legge una stringa dal file *stdin* (normalmente la tastiera), legge tutti i caratteri fino a '\n' che non considera

char * gets (char *s)

fgets

stdio.h

Legge fino a fine riga ma al massimo count-1 caratteri da un file e li trasferisce nella stringa che deve essere di dimensione count perché alla fine viene aggiunto '\0'. Legge anche gli eventuali spazi e il carattere di fine riga

char * fgets (char *s, int count, FILE *stream)

getchar

stdio.h

Legge un carattere dal file *stdin*, se c'è un errore viene restituita la costante EOF (di norma = -1)

int getchar (void)

fgetc

stdio.h

Come getchar() ma usata per leggere un carattere da un file su disco

int fgetc (FILE *stream)

time

time.h

Restituisce il numero di secondi trascorsi dalla mezzanotte del 1/1/1970, restituisce un tipo di dati equivalente a int.

time_t time (time_t *result)

Per il nome della funzione rispettare le regole viste per le variabili. Le funzioni devono essere definite prima di essere utilizzate.

Definizione di una funzione:

```
tipo nomefunz(tipopar1 nomepar1, … , tipoparN
nomeparN)
{
istruzioni
}
```

Ogni funzione ritorna un valore, lo fa tramite l'istruzione **return** seguita, eventualmente, da un valore, ad esempio in una funzione che prende un double e un int e fa un elevamento a potenza, restituendo il risultato:

```
double ePotenza(double valore, int
potenza)/*Definizione della funzione: dice tipo
del valore di ritorno (conforme al tipo di dati
specificato prima del nome della funzione
nell'intestazione. In questo caso double), nome
```

della funzione (ePotenza), argomenti usati dalla funzione con tipo (double e int) e nome (valore e potenza)*/

```
{
    double valoreritorno = 1.0;
    int i;
    for(i=0; i<potenza; i++)
    {
        valoreritorno *= valore;
    }
    return (valoreritorno);/*Con l'istruzione
```
return, il controllo del programma ritorna a chi ha chiamato la funzione. Il valore ritornato è quello posto dopo la parola return. Il valore ritornato può essere assegnato a una variabile da usare all'interno del programma come qualsiasi altra variabile*/
```
}
```
Se nella definizione della funzione si omette il tipo di dato verrà assunto il tipo int.

Esistono anche funzioni che non ritornano alcun valore, in questo caso si parla di funzioni void, in esse l'istruzione return si può omettere (anche se può essere usata per uscire dalla funzione in maniera opportuna) perché inserita automaticamente dal compilatore:
```
void stampaErrore(int linea)
{
    cout << "Errore: nella linea" << linea <<endl;
}
```

Prototipi di funzioni

La dichiarazione di una funzione si specifica mediante un cosiddetto "prototipo di funzione" che è uguale alla definizione di una funzione, ma è privo del corpo (ovvero non specifica le istruzioni della funzione). Si scrive solo la dichiarazione iniziale comprendente nome e tipo restituito dalla funzione e gli argomenti passati come parametro. Creare prototipi è comodo in termini di funzionalità e organizzazione del codice. Ad esempio:

```
int prodotto (int a, int b); // prototipo
(dichiarazione) della funzione
int prodotto (int a, int b) // definizione della
funzione
{
return a * b;
}
```

Il prototipo può anche essere scritto omettendo i nomi dei parametri:

```
int prodotto (int, int);
```

C Calcola il cubo di un numero

```
#include <stdio.h>
#include <stdlib.h>
int cubo(int n); //Prototipo funzione
int main(){
int numero;
 printf( "Inserisci un numero: ");
 scanf("%d",&numero);
 numero = cubo(numero);
 printf( "\nIl numero al cubo e': %d\n", numero );
 system("pause");
 return 0;
 }
 int cubo(int n) //Il prototipo restituisce la
formula per il cubo
 {
 return n * n * n;
 }
```

C Stesso esercizio con i puntatori

```c
#include <stdio.h>
#include <stdlib.h>
int cubo(int *n); /* prototipo funzione */
int main(){
int numero;
 printf( "Inserisci un numero: ");
 scanf("%d",&numero);
 cubo( &numero );
 printf( "\nIl numero al cubo e': %d\n", numero );
 system("pause");
return 0;
}
int cubo( int *n )
{
 *n = *n * *n * *n; //uno è puntatore, uno
operatore
}
```

C++ Crea una funzione *pow* che calcoli la potenza intera di un numero

```cpp
#include <iostream>
#include <stdlib.h>
double pow( double x, int e=1) //Funzione
double ris=1.0;
for (; e>0; e--) ris *=x;   //Se e è positivo
while (e<0) {ris /=x; e++;}   //Se e è negativo
return ris; }
using namespace std;
int main()
{ //Chiedo base ed esponente e calcolo la potenza
  double base; int esp;
  cout.precision(14);   //Visualizzo i risultati
con 14 cifre di precisione
```

```
cout << "Inserisci la base: "; cin >> base;
cout << "Inserisci l'esponente: "; cin >> esp;
cout << "Potenza = " << pow(base, esp) << endl;
system("pause");
return 0;
}
```

C Somma fra loro due numeri (reali interi)

```
#include <stdio.h>
#include<conio.h>
int somma(int a, int b);
int main() {
int a,b;
printf ("Inserire il primo numero: ");
scanf ("%d",&a); //Leggo il primo valore e lo
salvo all'indirizzo di a
printf ("Inserire il secondo numero: ");
scanf ("%d",&b); //Leggo il secondo valore e lo
salvo all'indirizzo di b
printf ("Somma fra %d e %d =
%d\n",a,b,somma(a,b)); // Stampo a video la somma
fra a e b
printf("Premi un carattere da tastiera per
uscire.\n");
getch();
return 0;
}
int somma(int a, int b) {
return a+b;
}
```

C Stampa area e circonferenza dato il raggio

```
#include <stdio.h>
#include<conio.h>
#include <math.h> //Per usare la costante M_PI (pi
greco): C sa già che vale 3.14
```

```
double area(double raggio); //Prototipo
double circ(double raggio); //Prototipo
int main() { // Prima funzione
double r; // Raggio
printf ("Inserire il valore del raggio: ");
scanf ("%lf",&r); // Leggo il valore del raggio
printf ("Area: %lf\n",area(r));
printf ("Circonferenza: %lf\n",circ(r));
printf("\n\nPremi un carattere da tastiera per
uscire.\n");
getch();
return 0;
}
double area(double raggio) {//Il prototipo
restituisce la formula per l'area. // Seconda
funzione
return M_PI*raggio*raggio; // pi*r²
}
double circ(double raggio) {//Il prototipo
restituisce la formula per la circonferenza. //
Terza funzione
return 2*M_PI*raggio; // 2pi*r
}
```

C++ Dato prezzo di vendita e percentuale di sconto, restituire il prezzo scontato

```
#include<stdlib.h>
#include <iostream>
using namespace std;
float prezzo_scontato(float prezzo, float sconto);
//Prototipo
int main(){
    //dichiarazioni
    float prezzo,sconto;
    //acquisizione dati
    cout<<"Inserire il prezzo: ";
    cin>>prezzo;
```

```
    cout<<"Inserire la percentuale di sconto: ";
    cin>>sconto;
    //chiamate di funzioni e visualizzazione
risultati
    //funzione prezzo_scontato
    cout<<"Il prezzo scontato e' di Euro:
"<<prezzo_scontato(prezzo,sconto)<<endl<<endl;
    system("pause");
return 0;
}
//funzioni
//funzione prezzo_scontato
float prezzo_scontato(float prezzo, float sconto){
    return prezzo-prezzo/100.0*sconto;
}
```

C Dopo aver inserito massimo 100 prodotti (int prodins) es. viti e bulloni, la % di incremento (float perc), la descrizione (descrizione[MAX][DATI])
e il prezzo (float prodotti[MAX]), con una funzione calcola e stampa l'incremento del prezzo secondo una percentuale fornita da tastiera.
Comunicare per ciascun prodotto la descrizione e il prezzo incrementato.

```
#include<stdio.h>
#include<stdlib.h>
#define MAX 100
#define DATI 100
float incremento(float percentuale, int
prezzo);//Funzione che calcola l'incremento del
prezzo secondo la % fornita da tastiera
char descrizione[MAX][DATI]; //Matrice di massimo
100 prodotti che memorizza i dati (descrizione e
prezzo)
float prodotti[MAX]; //Vettore di massimo 100
prodotti
```

```
int main(){
    //Dichiarazioni
    int prodins,i;
    float perc;
    //Acquisizione dati. Numero prodotti compresi
tra 1 e 100
    do{
        printf("Inserire il numero di prodotti (da
1 a 100): ");
        scanf("%d",&prodins);
    }while(prodins<1 || prodins>MAX);
    //Percentuale
    printf("Inserire la percentuale d'incremento
del prezzo: ");
    scanf("%f",&perc);
    printf("\n");
    //Caricamento vettori
    for(i=0;i<prodins;i++){
        printf("Inserire la descrizione del
prodotto, %d: ",i+1);
        scanf("%s",descrizione[i]);
        printf("Inserire il prezzo del prodotto,
%s: ",descrizione[i]);
        scanf("%f",&prodotti[i]);
        printf("\n");
    }
    //Chiamate di funzioni e visualizzazione
risultati
    printf("Prezzi incrementati:\n");
    //Funzione incremento
    for(i=0;i<prodins;i++){
        prodotti[i] +=
incremento(perc,prodotti[i]);
        printf("%s =
%.2f\n",descrizione[i],prodotti[i]);
    }
    system("pause");
```

```
return 0;
}
//Funzione incremento
float incremento(float percentuale, int prezzo){
    return prezzo/100.0*percentuale;
}
```

Allocazione dinamica della memoria

Ogni variabile creata ha una durata ed è ineliminabile dalla memoria in anticipo. Globali e locali definite con **static** restano memorizzate fino al termine del programma, quelle locali normali finché non termina l'esecuzione delle istruzioni del blocco nel quale sono state definite.

A volte potrebbe essere utile creare nuove variabili durante l'esecuzione senza averle dichiarate prima. Inoltre, per i grandi programmi, dato che lo spazio di memoria è limitato, potrebbe risultare utile eliminare variabili che non servono più durante l'esecuzione del programma. C++ lo permette perché ha una **gestione dinamica** della memoria libera. Le variabili così create vengono inserite nella memoria **heap** diversa sia dal segmento dati, dove vanno le globali e locali statiche, che dal segmento stack dove vanno le locali normali.

Per creare un qualsiasi tipo di nuova variabile:
```
<nome puntatore> = new <tipo dato> [[<numero
elementi>]] [(<valore iniziale>)]
```
dove

- `<tipo dato>` è il tipo dell'oggetto/i da creare
- `<numero elementi>` è il numero degli oggetti posti in memoria heap consecutivamente (come in un array); se `<numero elementi>` è omesso, sarà costruito un solo oggetto; se è presente, l'indirizzo restituito da new punta al primo oggetto
- `<valore iniziale>` è il valore con cui l'area allocata viene inizializzata; se è omesso l'area non è inizializzata

Per eliminare le variabili create con **new** usare l'operatore **delete**:
```
delete <nume puntatore>
```
oppure
```
delete [] <nome puntatore>
```
se trattasi di vettore.

L'operatore **delete** rende disponibile lo spazio assegnato alla variabile puntata dal puntatore ma non elimina il puntatore dalla memoria. Quest'ultimo potrà essere ancora usato per puntare a eventuali altre variabili create con un'altra new.

Le variabili inserite in memoria **heap** sono utilizzabili solo con i puntatori. L'operatore **delete** è l'unica via per deallocare una variabile in memoria heap.

C++ Alloca dinamicamente i vettori fondendo due vettori ordinati

```
#include<iostream>
double *vet1, *vet2, *vet3;
int i,j,k,dim1, dim2, dim3;
using namespace std;
void main(){
    do {
        cout << "Inserisci la dimensione del primo
vettore ";
        cin >> dim1;
    } while (dim1<=0);

    vet1=new double[dim1];
    do {
        cout << "Inserisci la dimensione del secondo
vettore ";
        cin >> dim2;
    } while (dim2<=0);

    vet2=new double[dim2];

    vet3=new double[dim3=dim1+dim2];
    i=0;
    cout << "Inserisci Elemento di indice " << i <<
" del primo vettore ";
    cin >> vet1[i];
    for (i=1;i<dim1; i++)
        do {
```

```
        cout << "Inserisci Elemento di indice " <<
i << " del primo vettore ";
        cin >> vet1[i];
        } while (vet1[i]< vet1[i-1]);
   i=0;
   cout << "Inserisci Elemento di indice " << i <<
" del secondo vettore ";
   cin >> vet2[i];
   for (i=1;i<dim2; i++)
        do {
        cout<<"Inserisci Elemento di indice " << i
<< " del secondo vettore ";
        cin >> vet2[i];
        } while (vet2[i]<vet2[i-1]);
   i=0;
   j=0;
   k=0;
   while (i<dim1 && j<dim2) {
        if (vet1[i]<vet2[j])
                vet3[k++]=vet1[i++];
        else if (vet1[i]>vet2[j])
vet3[k++]=vet2[j++];
            else {
                vet3[k++]=vet1[i++];
                vet3[k++]=vet2[j++];
            }
   }
   if (i<dim1)
    while (i<dim1) vet3[k++]=vet1[i++];
   else if (j<dim2) while (j<dim2)
vet3[k++]=vet2[j++];
   for (k=0; k<dim3; k++)
        cout<<"Elemento di indice "<<k<<" del terzo
vettore "<<vet3[k]<<endl;
   delete vet1;
   delete vet2;
   delete vet3;
```

```
}
```

C++ Alloca dinamicamente i vettori facendo il prodotto di due vettori in modo che si abbia la moltiplicazione dei 2 elementi con indice 0, più la moltiplicazione dei 2 elementi con indice 1, ecc.

```
#include<iostream>
#include<stdio.h>
double *vet1, *vet2, prodotto;
int i,dim;
using namespace std;
int main(){
    do {
        cout << "Inserisci la dimensione comune ai
due vettori ";
        cin >> dim;
    } while (dim<=0);
    vet1=new double[dim];
    vet2=new double[dim];
    for (i=0;i<dim; i++) {
        cout << "Inserisci Elemento di indice " <<
i << " del primo vettore ";
        cin >> vet1[i];
        cout<<"Inserisci Elemento di indice " << i
<< " del secondo vettore ";
        cin >> vet2[i];
    }
    prodotto=0;
    for (i=0;i<dim; i++)
        prodotto+=vet1[i]*vet2[i];
    cout << "Il prodotto dei due vettori e' "<<
prodotto<<endl;
    getchar();
    delete vet1;
    delete vet2;
}
```

Input e output da file

Per leggere dati (input) e produrre risultati da visualizzare o scrivere da qualche parte (output), il programma comunica con le unità di input e output collegate al computer. Il flusso di byte che va e viene è detto stream (che C chiama file, mentre C++ usa stream). In C lo stream è gestito dalla libreria <stdio.h> (standard input output), mentre in C++, oltre a <cstdio>, <iostream> (input output stream).

Prima di effettuare operazioni di input e output bisogna creare il flusso, ovvero il collegamento programma / periferica o file, tale operazione, detta apertura del flusso, crea il buffer (area di memoria di deposito temporaneo dei byte presi o da inviare al file) e le variabili (come quella intera che indica la posizione nel file del prossimo byte che verrà letto o scritto) per gestire questo collegamento, per esempio la variabile.

Quando il programma termina di usare il flusso lo chiude per cancellare le variabili e liberare spazio in memoria.

C++ Leggi i dati contenuti in un file (un carattere alla volta) e mostrali nel programma. Ipotizza un file testuale, ma l'adattamento a un diverso tipo di dato risulta semplice. Crea prima un file cpp-input.txt con del testo e salvalo, ad esempio, sul Desktop

```cpp
#include <fstream> //libreria dedicata
all'interazione con i file
#include <iostream>
using namespace std;
int main()
{
   ifstream AproFile("cpp-input.txt");
//Dichiarazione di variabile AproFile di tipo
ifstream da usare quando apro file
```

```
//AProFile è il file ("cpp-input.txt") da cui
verranno letti i dati, dev'essere nella cartella
del programma o nel percorso indicato
   char ch; //Dichiarazione di variabile. ch
memorizza il contenuto del file stesso (in questo
caso un carattere alla volta)
   while(!AProFile.eof()) //Istruzione che
identifica il ciclo da ripetere finché non si
verifica la condizione ovvero finché il file non
termina
   //! indica infatti la negazione, l'istruzione
significa "finché non finisce il file...".
   {
      AProFile.get(ch); //Le operazioni da compiere
finché non termina la lettura sono
      //AProFile.get(ch)  che memorizza il carattere
corrente del file nella variabile ch, proseguendo
nella lettura
      cout << ch;
      //e cout << ch che consente di stampare tale
carattere a video
   }
   AProFile.close(); //Concluso il ciclo chiudo lo
stream, ovvero il flusso di dati, proveniente dal
file in ingresso
   cout<<endl;
   system("pause");
   return 0;
}
```

C++ Salvare la frase "Scrittura eseguita" su un file di testo di nome cpp-output.txt.

Occorre usare `ofstream SalvoFile("cpp-output.txt");`
```
//Il file su cui scrivere va dichiarato come
variabile di tipo ofstream da usare quando salvo
file
```

```
#include <fstream>
#include <iostream>
using namespace std;
int main()
{
ofstream SalvoFile("cpp-output.txt"); //Il file su
cui scrivere va dichiarato come variabile di tipo
ofstream da usare quando salvo file
//associo la variabile SaveFile all'oggetto
SalvoFile << " Scrittura eseguita "; //Lo salva in
.txt nella stessa posizione del file cpp
   cout<<"Scrittura eseguita"<<endl<<endl; //Lo
stampa a video
SalvoFile.close(); //chiudere il flusso di dati
aperto in scrittura, col comando close:
SaveFile.close()
   system("pause");
   return 0;
}
```

C++ Crea un file sorgente.txt con del testo. Apri il file sorgente.txt che ha del testo, copiane il testo e incollarlo sul file copia.txt. Ottieni in risposta il numero di caratteri copiati. Occorre usare:

```
//Apre un file per l'input.
ifstream AproFileIn;
AproFileIn.open("sorgente.txt");
fail() //Controllo errore di apertura file
put(nomevariabile); //Copia il testo nel file di
output
```

```
#include <fstream>
#include <iostream>
using namespace std;
const int max_nome = 100;
```

```
int main() {
// Apre un file per l'input.
ifstream AproFileIn;
AproFileIn.open("sorgente.txt");
// Controllo errori di apertura del file.
if (AproFileIn.fail()) {
cout << "Il file non esiste!" << endl;
system("pause");
return 0;
}
// Apre un file per l'output.
ofstream AproFileOut;
AproFileOut.open("copia.txt");
int num_car = 0; //memorizza il numero di
caratteri copiati
char c; //memorizza il contenuto del file
c = AproFileIn.get(); //memorizza il carattere
corrente del file nella variabile c, proseguendo
nella lettura
while (!AproFileIn.eof()) { //finché non si
verifica la condizione ovvero finché il file non
termina
AproFileOut.put(c); //copia il testo nel file di
output
c = AproFileIn.get(); //incrementando da carattere
a carattere
num_car++;
}
cout << "Copiati " << num_car << " caratteri.\n"
<< endl;
AproFileIn.close();
AproFileOut.close();
system("pause");
return 0;
}
```

C++ Creo sempre un file sorgente.txt con del testo, ma questa volta il nome del file da copiare è fornito in input dall'utente (che quindi ha l'opportunità di scegliere fra vari file) e il nome del file di output sarà creato a partire da quello di input aggiungendo a esso la stringa "copia di ".

Occorre usare `strcat(destinazione,nomefile);` //concatena la stringa nomefile aggiungendola al termine della stringa destinazione

```cpp
#include <fstream>
#include <iostream>
#include <string.h>
using namespace std;
const int max_nome = 100; //nome del file lungo
max 100 caratteri
int main() {
char nomefile[max_nome]; //vettore che memorizza
il nome del file
// Legge il nome del file da copiare
ifstream AproFileIn;
do { //finché sbagli ad inserire il nome, continua
ad inserirlo
cout << "Immettere il nome del file da copiare: ";
cin.getline(nomefile,max_nome); //legge e carica
il nomefile e la sua lunghezza. getline acquisisce
anche gli spazi vuoti eventualmente presenti nella
stringa. Sintassi: cin.getline(vettore_di_char,
massimo_numero_di_char);
AproFileIn.clear(); //resetta pulendo da nomi dati
in precedenza
AproFileIn.open(nomefile);
// Controlla errori di apertura del file
if (AproFileIn.fail())
cout << "Impossibile aprire il file. Ripetere!" <<
endl;
else
```

```
cout << "File aperto correttamente." << endl;
    }
while (AproFileIn.fail());
// Costruisce il nome del nuovo file
char destinazione[max_nome+9] = "Copia di ";
strcat(destinazione,nomefile); //concatena la
stringa nomefile aggiungendola al termine della
stringa destinazione
// Apre un file per l'output
ofstream AproFileOut;
AproFileOut.open(destinazione);
int num_car = 0; //memorizza il numero di
caratteri copiati
char c; //memorizza il contenuto del file
c = AproFileIn.get(); //memorizza il carattere
corrente del file nella variabile c, proseguendo
nella lettura
while (!AproFileIn.eof()) { //finché non si
verifica la condizione ovvero finché il file non
termina
AproFileOut.put(c); //copia il testo nel file di
output
c = AproFileIn.get(); //incrementando da carattere
a carattere
num_car++;
}
cout << "Copiati " << num_car << " caratteri.\n"
<< endl;
AproFileIn.close();
AproFileOut.close();
system("pause");
return 0;
}
```

Altre metodologie

Per leggere o scrivere da un file su disco creo una variabile
puntatore a una struttura detta **FILE**, ad esempio:

```
FILE *fleggi, *fscrivi;
```

crea due puntatori utili per collegare il programma a due differenti
file.

Prima di usare lo stream bisogna aprirlo e assegnare il valore al
puntatore definito prima, a tale scopo occorre la funzione **fopen()**.
Ad esempio per creare un flusso che collega il programma al file
"prova1.txt" per l'input dei dati e un altro stream per collegarlo al
file "prova2.txt" per l'output è possibile usare:

```
fleggi = fopen("prova1.txt","r");
fscrivi = fopen("prova2.txt,"w");
```

La funzione fopen, come secondo parametro vuole uno dei
seguenti valori:

- **r** il flusso legge i dati dal file, se il file non esiste compare
  un errore

- **w**   il flusso scrive i dati nel file. Se il file esiste viene
  cancellato, se non esiste viene creato vuoto

- **a** il flusso aggiunge nuovi dati nel file. Se il file esiste i dati
  presenti non verranno modificati e i nuovi dati si
  accoderanno, se non esiste viene creato

- **r+** può leggere e scrivere nel file, la posizione iniziale da
  cui si legge o in cui si scrive è il primo byte del file, il
  contenuto del file non viene modificato

- **w+** può leggere e scrivere nel file, se il file esiste viene
  cancellato

- **a+** può leggere e scrivere nel file, se il file esiste non viene
  cancellato e la posizione iniziale è impostata dopo l'ultimo
  byte del file

C Copiare il contenuto di un file txt in prova.txt

```c
#include <stdio.h>
#include <stdlib.h>
int main(){
  FILE *fleggi, *fscrivi;
  char c, nomef[40];
  //Chiedo il nome del file da copiare
  printf("Inserisci il nome del file da copiare
compresa l'estensione: "); gets(nomef);
  fleggi = fopen(nomef,"r"); //Apro il file
  if (fleggi == NULL)
    //Scrivo un messaggio di errore se non riesco
ad aprire il file
      printf("Errore. Impossibile aprire il
file\n");
  else {
      fscrivi = fopen("prova.txt","w"); //Apro la
copia
      while ((c=fgetc(fleggi)) != EOF)
fputc(c,fscrivi);
      printf("Il file e' stato copiato con
successo\n");
  }
  system("pause");
  return 0;
}
```

Macro predefinite

In C esistono 5 tipi di macro predefinite sempre disponibili, 3 stringhe e 2 interi.

Stringa:

- __DATE__ contiene la data corrente
- __FILE__ contiene il nome del file
- __TIME__ contiene l'ora corrente

Intero

- __LINE__ rappresenta il numero di riga corrente
- __STDC__ è diverso da 0 se l'implementazione segue l'ANSI C

```
#include <iostream>
using namespace std;
int main(){
        cout << __DATE__ << ' ' << __TIME__;
    }
```

Debug del programma

Il debugging (o debug) è l'attività d'individuazione e correzione da parte del programmatore degli errori (bug) rilevati nel programma. È una delle operazioni più importanti, a volte difficile se il programma è complesso e anche delicata per il pericolo di inserire nuovi errori nel tentativo di correggere quelli per i quali si svolge l'attività di debug.

Per attivare il debug su Dev-C++ seguire la seguente procedura:
1. Strumenti
2. Opzioni di compilazione
3. Generazione di Codice/Ottimizzazioni
4. Linker
5. mettere Yes su Genera le informazioni per il debug

Per eseguire il debug seguire la seguente procedura:
1. Compilare il programma
2. cliccare Esegui / Debug

Se viene riscontrato un errore comparirà una riga evidenziata per segnalare che lì c'è un errore. Correggere l'errore e eseguire nuovamente il programma

Errori comuni e regole di stile in C

- **Assegnazione (=) usata al posto del confronto (==)**
- **Mancanza di ( ) per una funzione**
- **Indici di Array**

  Attenzione agli indici usati ovvero al numero di elementi; q se si inizializza un array con n elementi, il suo indice ha un intervallo tra 0 (primo elemento) e n-1 (n-mo elemento).

- **C e C++ sono *case sensitive***
- **; chiude le istruzioni**
- Ogni **sorgente** dovrebbe contenere, nell'ordine:
  1. Commento iniziale (nome del file, nome dell'autore, data, descrizione del problema)
  2. Istruzioni **#include** per tutti i file necessari
  3. Dichiarazioni di costanti, strutture, tipi enumerativi, variabili, prototipi delle funzioni (possibilmente in quest'ordine)
  4. Definizione delle funzioni con la funzione **main** per prima

Per scaricare gli esercizi segui questo link:
https://www.andreapacchiarotti.it/archivio/soluzioni-c.zip

Un esempio OOP con le classi

```
/*************************************************
*****************************/
```

Creare una classe per rappresentare frazioni sulle quali si potrà operare.
Creare un main che memorizza una frazione, ne cambia il numeratore
con un altro scelto dall'utente e infine moltiplica la frazione per un nuovo numero passato dall'utente.
Dopo ogni operazione precedente ridurre ai minimi termini e stampare il valore decimale della frazione.

```
*************************************************
***************************/
#include <iostream>
using namespace std;
class Frazione
{
    public:
    int num;
    int den;
    Frazione(int n, int d)
    {
        num=n;
        if(d!=0)
        {
            den=d;
        }
        else
        {
            den=1;
        }
    }
    void setNum(int n)
    {
        num=n;
```

```
}
void setDen(int d)
{
    if(d!=0)
    {
        den=d;
    }
}
int getNum()
{
    return num;
}
int getDen()
{
    return den;
}

void moltiplica(int n)
{
    num=num*n;
}
void minimiTermini()
{
    int mcd=num;
    while(num%mcd!=0||den%mcd!=0)
    {
        mcd--;
    }
    num=num/mcd;
    den=den/mcd;
}
float valore()
{
    return float(num)/den;
}
void stampa()
{
```

```
        cout<<num<<"/"<<den<<endl;
    }
};
int main()
{
    Frazione f(10,6);
    f.stampa();
    int newNum;
    cin>>newNum;
    f.setNum(newNum);
    f.stampa();
    f.minimiTermini();
    f.stampa();
    int fattore;
    cin>>fattore;
    f.moltiplica(fattore);
    f.stampa();
    f.minimiTermini();
    f.stampa();
    cout<<f.valore();
}
```

Informazioni sull'autore

Mi chiamo Andrea Pacchiarotti, sono un formatore e consulente informatico con esperienza ventennale in ambito Microsoft Office e in molte discipline che riguardano il Web e la Programmazione. Per quanto riguarda il pacchetto Office mi occupo dei seguenti applicativi Microsoft: Word, Excel, Access, PowerPoint e dell'ampliamento delle loro funzionalità attraverso la programmazione in VBA (Visual Basic for Application).

In ambito Web sviluppo siti, curo la SEO, creo campagne Ads su Google e sui Social media, svolgo l'attività di Social Media Manager e mi occupo in generale delle discipline inerenti al Web marketing.

Nella Programmazione sono appassionato di alcuni linguaggi che mi diletto a usare in ambito lavorativo e privato.

Oltre a scrivere libri, ho realizzato svariati articoli online e sviluppato progetti per aziende nazionali e internazionali sparse sul territorio italiano, formando migliaia di dipendenti.

È possibile contattarmi attraverso il sito www.andreapacchiarotti.it

Pubblicazioni informatiche

I libri che pubblico, presenti esclusivamente su Amazon, sia in forma cartacea che digitale e di seguito specificati, vengono aggiornati circa due volte l'anno per introdurre eventuali novità che sono divenute di uso comune o ulteriori argomenti di interesse generale.

WEB - PROGRAMMAZIONE

- **SEO on-page e SEO off-page**
  Come farsi trovare sui motori di ricerca
- **Accessibilità e Usabilità dei siti web**
  Come migliorare le pagine online
- **Costruire siti web SEO friendly**
  HTML, CSS, JavaScript, PHP, MySQL
- **JavaScript**
  Fondamenti per il web
- **PHP e MySQL**
  Fondamenti per il web
- **WordPress**
  Guida pratica
- **Funnel di Marketing**
  Basi pratiche
- **Fondamenti di C e C++**
  Teoria e pratica
- **Fondamenti di Java**
  Teoria e pratica

MICROSOFT OFFICE

- **Macro vs VBA in Excel**
  Teoria e pratica
- **Excel in ufficio**
  Ciò che serve veramente
- **Access**
  Guida pratica
- **Macro e VBA in Access**
  Teoria e pratica
- **VBA Office**
  Excel – Access – Word - PowerPoint
- **Excel e Access**
  Con e senza VBA

ALTRE PUBBLICAZIONI

- **Famiglia Bonanni**
  Baroni di Ocre
- **(In)esistenza di Dio**
  Fede e ragione dalla Preistoria a oggi